Neue rechte Männlichkeit

Simon Volpers

Neue rechte Männlichkeit
Antifeminismus, Homosexualität und Politik des Jack Donovan

Die Deutsche Bibliothek verzeichnet diese Publikation
in der Deutschen Nationalbibliografie.
Detaillierte bibliografische Daten sind im Internet abrufbar unter
http://dnb.d-nb.de

Besuchen Sie uns im Internet:
www.marta-press.de

1. Auflage September 2020

Lektorat: Anna Behrens, Bremen.
© Umschlaggestaltung: Andreas Imhof, Hamburg,
unter Verwendung einer Zeichnung von © Anna Behrens, Bremen.
Printed in Germany.
ISBN 978-3-944442-98-3

Inhalt

Vorwort von Judith Goetz

Als ich im Zuge meiner Arbeiten zu Gender-Politiken bei der rechtsextremen Gruppe der „Identitären“ erstmals auf den US-amerikanischen „Bodybuilder und Schriftsteller“ Jack Donovan stieß und sein Buch ‚The Way of Men‘ genauer unter die Lupe nahm, wusste ich nicht recht, ob ich lachen oder weinen sollte. Lachen, weil mir seine Ausführungen beispielsweise zum Patriarchat unter Schimpansen als Vorbild für die Menschen so absurd erschienen, dass sie beinahe Unterhaltungswert hatten. Oder weinen, weil es doch immer wieder schwer fällt zu glauben, dass bestimmte Männer von ihren ins Extreme getriebenen männlichen Überlegenheitsvorstellungen nicht Abstand nehmen wollen und Frauen als reine Reproduktionsmaschinen betrachten, die nur die männliche Ordnung stören würden. Jack Donovan sticht dabei in mehrerlei Hinsicht hervor: Einerseits nimmt er wahrlich kein Blatt vor den Mund, wenn es um die Darstellung seiner zutiefst misogynen, rassistischen und gewaltverherrlichenden Denkweisen geht. So erkennt er u.a. in hierarchisch organisierten und rivalisierenden Männer-Gangs die ideale Gesellschaftsform und meint, Gewalt sei ein notwendiges Mittel „jeder Kultur“. Indem Männlichkeit in seinem Denken stets an die Bereitschaft und Fähigkeit der Gewaltausübung gekoppelt ist, liefert er auch in seinen weiteren Publikationen wie ‚Becoming a Barbarian‘ oder ‚A More Complete Beast‘ anschauliche Beispiele, zu welchen gewaltförmigen Allmachtsfantasien übersteigerter (rechtsextremer) Maskulinismus führt. Andererseits ist Donovan in einem durchwegs homofeindlichen Umfeld selbst homosexuell, sieht sich selbst aber nicht als schwul und bezeichnet sich ebenso wenig als white supremacist. Wie zentral die Aufrechterhaltung männlicher Dominanzansprüche und „Androphilie“ (Liebe zum Mann und zur Männlichkeit) in Donovans Ausführungen ist, zeigt sich folglich auch daran, dass er selbigen einen höheren Stellenwert beimisst als Rassismus oder weißem Nationalismus. So hält auch Simon Volpers an unterschiedlichen Stellen in seinem Buch fest, dass Donovan sowohl „albern und faszinierend“ sei als auch die „überzeichnete Karikatur der ‚Neuen rechten Männlichkeit‘“.

Sich mit rechtsextremen Primärquellen wie den Büchern von Jack Donovan auseinanderzusetzen, die nur so von Antifeminismus, Hass auf Frauen oder auch auf „schwache“ Männer sowie anderen menschenverachtenden Sichtweisen strotzen, ist nie ein einfaches, aber dennoch ein äußerst wichtiges Unterfangen. Um rechtsextreme wie auch maskulinistische Ideologien in ihren unterschiedlichen Schattierungen einordnen und damit verbundene Argumentationsmuster adäquat demaskieren zu können, bedarf es vor allem auch einer umfassenden Analyse der Originaltexte. Simon Volpers hat sich durch mehrere Publikationen sowie Online-Auftritte bzw. Inszenierungen des genannten Autors gearbeitet und mit dem vorliegenden Buch diese mit Sicherheit nicht einfache Aufgabe auf beeindruckende Weise mit Präzision und Tiefgang gemeistert. Er bettet seine Deutungen von Donovans Männlichkeitstheorie in die bisherige Geschichte sowie Erkenntnisse der Forschung zu rechtsextremen Männlichkeitskonstruktionen ein und scheint Donovans abstruse Veröffentlichungen inzwischen vermutlich besser zu kennen als die Jünger und Anhänger des Maskulinisten selbst.

Durch die Übersetzungen von Jack Donovans Werken ins Deutsche und deren Veröffentlichungen in Götz Kubitscheks Verlag Antaios sowie durch eine Einladung zur Winterakademie des Instituts für Staatspolitik wurden seine Schriften einem deutschsprachigen Publikum zugänglich. Er gewann vor allem innerhalb rechtsextremer Szenen aber auch im Umfeld von Männerrechtlern Aufmerksamkeit und avancierte dort insbesondere in den sich intellektueller gebenden Kreisen zu einer neuen Ikone. In breiteren gesellschaftlichen Schichten abseits des rechten Spektrums konnte Donovan jedoch bislang kaum Popularität erlangen. Die (unausgesprochene) Frage, warum es Sinn macht, sich mit einem Autor zu beschäftigen, der auf der einen Seite mit Blick auf die Propagierung seines barbarischen Hypermaskulinismus seinesgleichen sucht, auf der anderen Seite vorerst kaum massentaugliche Bekanntheit erreichen wird, bleibt in diesem Buch nicht unbeantwortet. Simon Volpers betont, dass es ihm in seiner detaillierten Analyse weniger um Donovan als Person selbst als vielmehr um die in seinen Publikationen und Vorträgen transportierten Denkmuster geht. Gerade weil sich weite Abschnitte des Buchs vor allem mit rechtsextremen Männlichkeitskonstruktionen auseinandersetzen, füllt der Autor mit der vorliegenden Publikation auch wichtige Leerstellen der Rechtsextremismusforschung – denn nicht nur in rechten Kreisen gilt Männlichkeit oft als gesetzt und unhinterfragt. Ähnliche Tendenzen spiegeln sich in der kritischen Wissenschaft wider. Diese blickt, wenn entsprechende Analysen überhaupt genderreflektierende Perspektiven enthalten, zumeist auf Frauenbeteiligung oder Antifeminismus, während sich wandelnde und ausdifferenzierende Männlichkeitskonstruktionen meist unterbeleuchtet bleiben. So zeichnet sich die vorliegende Publikation vor allem auch dadurch aus, dass auf eindrückliche Art und Weise die vielfältigen Zusammenhänge zwischen Rechtsextremismus, Männern, Männlichkeit und Gewalt in ihren unterschiedlichen Facetten samt ihrer zentralen Ideale, Denkfiguren und Legitimationsmuster re- und dekonstruiert werden.

Nicht nur der Umstand, dass es bislang keine wissenschaftliche Literatur zu Donovan und wenige neuere Publikationen zu rechtsextremen Männlichkeiten gibt, sondern auch weil Simon Volpers aufschlussreiche neue Betrachtungsweisen, beispielsweise in Hinblick auf Homosexualität und Homofeindlichkeit in der extremen Rechten, liefert, zeugen von der Wichtigkeit des vorliegenden Buchs. Seine Interpretationen und Leseweisen fallen dabei nicht immer eindeutig oder gar vereinfachend aus, sondern lassen – und darin liegt eine weitere Stärke des Buchs – auch Platz für Differenzierungen, Widersprüche und Eigentümlichkeiten.

Sich mit Donovan und seinen Thesen zu beschäftigen ist aber nicht nur mit Blick auf die Rechtsextremismusforschung, sondern auch aus antifaschistischer Perspektive von Bedeutung, zumal sie, wie Simon Volpers betont, Anknüpfungspunkte sowohl für Rechtsextreme unterschiedlicher Couleur als auch Männerrechtler bieten und Donovans „Ansichten über Männlichkeit [...] als Vereinigungsmoment der verschiedenen Spektren des Antifeminismus" dienen.

Ein weiterer, nicht unbedeutender Vorteil und Gewinn dieser Publikation für die Leser*innen ergibt sich folglich auch dadurch, dass wir Donovan nicht selbst lesen müssen, sondern seine Ansichten ausgewählt und happenweise präsentiert sowie bereits interpretiert dargelegt bekommen. Dafür gilt Simon Volpers auch Anerkennung und Dank!

Vorwort von Dr. Niels Penke

Wer von *Neuer* rechter Männlichkeit spricht, verweist damit auf eine Differenz zu *alten* Konstruktionen, die historisch, so scheint es zumindest, überwunden und zurückgelassen wurden. Bei kaum einem anderen rechten Akteur der Gegenwart wird diese Neuheit so offensichtlich ausgestellt wie bei Jack Donovan, entspricht sein öffentliches Auftreten zunächst keinem bekannten Schema der Selbstinszenierung von politischen Kriegern oder gar Intellektuellen. Denn unübersehbar steht die Physis, der trainierte, tätowierte und immer wieder ähnlich inszenierte Körper Donovans im Zentrum der Aufmerksamkeit. Er hat Bücher und Aufsätze geschrieben – mit ihnen beschäftigt sich das vorliegende Buch. Doch besucht man das Instagram-Profil Donovans oder klickt sich auf YouTube durch seine Vorträge und Podcasts, dann entsteht der Eindruck als sei sein Werk nur der Hintergrund, die Legitimationsgrundlage für die Bühne, auf der sich Donovan fortwährend zur Geltung bringt. Dieses Bühnengeschehen ist dann auch, anders als die Schriften, hochaufgeladen mit Zeichen, ja geradezu überladen mit Referenzen und Verweisen, die zahlreiche Kontexte und damit Anschlussmöglichkeiten eröffnen. Vieles davon ist aus anderen, häufig politisch rechts codierten Zusammenhängen bekannt. Runen, die, so scheint es zumindest, in natur-religiöse Praktiken eingebunden sind. Wald und Waldgang als Symbole einer Innerlichkeit, die sich abwendet. Ganz ähnlich wie der *Waldgang* bei Ernst Jünger, der diesen in seinem gleichnamigen Essay als eine elitäre Abkehr von der modernen Welt und ihren Vergesellschaftsformen entworfen hat. Auch Donovans Waldgang ist ein Rückzugsort, an dem Meditation, Kraftsport und pagane Rituale ihren Platz haben. Neben dem Kult des Einzelnen, den die vielen Fotos von Donovan pflegen, gibt es aber auch das Rudel, die rein männliche Gemeinschaft der Gleichgesinnten. Was dort geschieht, erweckt den Anschein eines exklusiven, geheimnisvollen Treibens irgendwo zwischen Wehrsport-gruppe und Kameradschaftsabend. Doch, und hier liegt womöglich die entscheidende Differenz, werden wir zu Mitwissenden, zu

Beobachter*innen dieser exklusiven Gemeinschaft, wenn sie öffentlich inszeniert und – verbunden mit dem Appell sozialer Medien zu liken und zu kommentieren – für alle einsehbar wird. Eine Revolte gegen die moderne Welt, doch anders als die *alte* Rechte, mit allen sozialmedialen Mitteln des 21. Jahrhunderts.

Die Kommunikation ist jedoch ähnlich geblieben, denn viele rechte Akteure nutzen Social Media weiterhin wie die alten Massen-Medien, als kommunikative Einbahnstraße vom überlegenen Sender zu ihren untertänigen Empfänger*innen. Das Soziale bleibt auf die Orientierung an einem Leitbild, einer Führerfigur beschränkt. Eine Führerfigur jedoch, die keinen blinden Gehorsam einfordert, sondern wie Donovan dazu einlädt, ihr gleich zu werden. Donovans Bücher entwerfen die dazugehörigen Programme einer transformativen Arbeit an sich selbst. ‚The Way of Men', ‚Becoming a Barbarian' und ‚A More Complete Beast' entwerfen Visionen eines besseren, weil stärkeren Ichs, das sich den verschiedenen sozio-ökonomischen Zudringlichkeiten gegenüber behaupten kann. Die Bücher aktualisieren dazu Bilder und Erzählungen vom *Survival of the fittest*. Sie fügen sich damit in eine Ratgeber- und Selbstoptimierungsliteratur ein, die Ausdruck eines neoliberalen Geistes ist, den sie eigentlich durch ihr Rückkehrbestreben zu vor-zivilisatorischen Zuständen hinter sich lassen wollen. Der Weg aber, unabhängig davon ob er sich tatsächlich beschreiten lässt oder nicht, führt über den Körper. Über die Arbeit am männlichen Körper und seiner Semantik. Von diesen Praktiken und Zuschreibungen handelt Simon Volpers Buch, dessen Entstehung ich begleiten durfte. Es untersucht Donovans Konstruktion von Männlichkeit, die sich alles, was sie ausschließt, zu unterwerfen trachtet. Der Slogan *Violence is golden* gewinnt im Zusammenspiel mit der Emphase des Barbarischen eine geradezu utopische Dimension. Als Entwurf einer Zukunft, die, ohne es ganz konkret zu artikulieren, eine *neue* Barbarei begründen soll. Wie diese in der Praxis aussehen könnte, möchte man zum Wohle aller, die in dieser Ordnung keinen Platz haben, gar nicht wissen.

1. Einleitung – Phänomen Jack Donovan. Oder: Wohin führt der Weg der Männer?

Im Februar 2017 trat auf der sogenannten Winterakademie des neurechten Think Tanks ‚Institut für Staatspolitik' ein ungewöhnlicher Gast auf. Dort, wo sich üblicherweise PolitikerInnen[1] rechter Parteien, rechtsintellektuelle Vortragende und junge AktivistInnen der Szene die Klinke in die Hand geben, war der US-amerikanische Autor und Bodybuilder Jack Donovan geladen. ‚Violence is Golden' – das war nicht nur die Botschaft, die Donovan auf dem T-Shirt seiner eigenen Hausmarke präsentierte. So lautete auch der Titel des 20-minütigen Vortrags, den Donovan am Veranstaltungsort im sachsen-anhaltinischen Dorf Schnellroda hielt und dessen Mitschnitt heute noch online zu finden ist.[2]

Donovan wirbt im Vortrag für eine neue Perspektive auf Gewalt. Denn die Gewalt sei die wahre Grundlage unserer und jeder Gesellschaftsform: „Violence rules". Ohne Gewalt gebe es weder

---

[1] Ich verwende im Folgenden üblicherweise die Schreibweise des Gender Gaps ‚_' in Anlehnung an Herrmann (2003), um mit einem sprachlichen Bruch kenntlich zu machen, wie sich hegemoniale Zweigeschlechtlichkeit darin abbildet, dass Personen lediglich mit einem männlichen oder einem weiblichen Geschlecht bezeichnet werden (können). Der Unterstrich soll dementgegen einen Raum der irritierenden Uneindeutigkeit und des Widerspruchs kreieren und die Begrenztheit symbolisch überwinden. Zugleich werde ich hierauf verzichten, wenn ich wie im vorliegenden Fall die RepräsentantInnen von Ungleichheitsideologien adressiere. Analog zu Lang/Peters halte ich die Verwendung des Gender Gaps für AkteurInnen, „die qua Handeln und/oder entlang ihres weltanschaulichen Hintergrundes die Existenz von Geschlechteridentitäten jenseits der Zweigeschlechter-normen für sich ausschließen" (2018: 14) nicht für sinnvoll und verwende entsprechend die Schreibweise des Binnen-I. Bei Verwendung des generischen Maskulinums sind hingegen ausschließlich die in dieser Arbeit fokussierten Männer gemeint.

[2] https://www.youtube.com/watch?v=4v48H9FreyY

Ordnung noch Kultur; kein Gesetz, dessen Durchsetzung nicht unter Androhung von Gewalt gesichert werde. Die Gewalt sei in erster Linie Ausdruck von Herrschaft und deshalb, so Donovan, auch das dominierende Prinzip und die grundlegende Funktion von Männlichkeit. Denn das ist das zentrale Thema Donovans: Männer und Männlichkeit. Männer würden sich seit Anbeginn der Zeiten in gewalttätige Auseinandersetzungen begeben, um die ihnen vertraute Welt zu schützen und die eigene Autorität durchzusetzen. Der Pfad der Stärke sei der Weg der Männer.

Donovan glaubt, sein 2010 erstmals veröffentlichter Essay mit dem gleichnamigen Titel ‚Violence is Golden‘[3] sei „the most popular thing, I have ever written“, wie er im Vortrag bemerkt. Hunderttausende hätten dieses Machwerk gelesen – nicht um etwas Neues, sondern um etwas Altes zu erfahren: Die Bedeutung der Gewalt für die Durchsetzung des männlichen Prinzips. Und so fordert er die versammelte Rechte in Schnellroda auf, sich von der Gesellschaft der Schwachen abzuwenden und eigene, männliche Kulturen der Stärke zu begründen. Sein Handlungsvorschlag erscheint denkbar einfach: „Every once in a while we all need to get punched in the face“. Donovan schmunzelt, wenn er dies sagt, aber er meint es völlig ernst. Die Gewalt trage eine Poesie und zeitlose Sprache in sich, die den wahren Kern der Männlichkeit ausmache. Nur wer das am eigenen Leib zu erfahren und zu schätzen lerne, sei demnach tatsächlich in der Lage, sich und seine Umwelt zu verändern. Und so schließt er in Schnellroda:

> „My challenge to you is to create or expand, among your brothers, your networks, your people, cultures in which violence is sacramental. If you cannot fight the world, fight each other. Joyfully. Train, fight, compete, push each other. Use the practice of violence to create a sphere of strength

---

[3] Der Essay unterscheidet sich von Donovans Vortrag, die Stoßrichtung seiner Worte ist allerdings jeweils die gleiche. 2014 fand er Eingang in Donovans Sammelband ‚A Sky Without Eagles‘. Eine Übersetzung des Essays wurde 2017 in der neurechten Zeitschrift ‚Sezession‘ veröffentlicht, die im Umfeld des ‚Instituts für Staatspolitik‘ herausgegeben wird (Donovan 2017a).

around you and the people you care about. Keep getting stronger as everyone else is getting weak. The best revolt against a culture of weakness is to create a culture of strength.“

Biographie, Bibliographie und Wirken

Donovans Auftritt auf der rechten Winterakademie ist durchaus beeindruckend: Seine gewaltige Stimme tönt durch den Raum, entschlossen formuliert er seine Worte. Eine expressive Körpersprache unterstützt seine Aussagen ebenso wie die Verwendung zahlreicher Kunstpausen. Unter dem T-Shirt spannen die tätowierten, muskulösen Oberarme des Mittvierzigers. Zwangsläufig gewährt die Videoaufnahme des Vortrags einen ersten Einblick in die Inszenierung seiner gesamten Person: hervorragend arrangiert und maßlos übertrieben, zugleich albern und faszinierend, so spannend wie redundant, und nicht zuletzt sehr männlich.

In erster Linie ist Donovan aber nicht als Referent rechter Veranstaltungen bekannt geworden, sondern als Autor einer Reihe von Büchern, die sich übergreifend mit dem Thema Männlichkeit in verschiedenen Facetten befassen. Als sein Hauptwerk kann das 2012 im Original erschienene ‚The Way of Men‘ gelten. Das Buch wurde mittlerweile ins Französische, Deutsche, Portugiesische, Spanische, Polnische und Italienische übersetzt. Laut Donovan wurde „the bestselling underground bible of masculinity“ weltweit mehr als 100.000 Mal verkauft. Seine Texte zeichnen sich durch radikal maskulistische und antifeministische Thesen, ein politisch rechtes, neo-tribalistisches Weltbild und die mantrahafte Beschwörung des Untergangs der modernen Gesellschaft aus. Der Historiker Weiß nennt ihn sehr treffend einen „apokalyptische[n] Frauenfeind mit dem Hang zum Neandertaler“ (2017: 231).

Donovan wurde am 23. Oktober 1974 geboren und ist im ländlichen Pennsylvania (USA) aufgewachsen. In den 1990er Jahren studierte er Kunst in New York City und bewegte sich in der bunten schwulen Szene der Stadt. Donovan lebt offen homosexuell, von seiner Vergangenheit in entsprechenden subkulturellen Kontexten hat er sich aber längst entschieden losgesagt. Seine Abrechnung mit der schwulen Subkultur beginnt er 2006 mit seinem Erstlingswerk ‚Androphilia. A Manifesto. Rejecting the Gay Identity, Reclaiming Masculinity‘[4]. Darin kritisiert er ‚gay‘ als Ausdruck einer durch und durch kommerzialisierten, opportunistischen und vor allem effeminierten sozialen Identität, der er seine Zugehörigkeit verweigert. Zugleich entwickelt er das Konzept der ‚Androphilie‘, der Liebe zum Mann und (!) zur Männlichkeit. In ‚The Way of Men‘ (2012) stellt er einige Jahre später umfassend seine Theorie der Männlichkeit vor. Er changiert dabei zwischen essentialisierenden Thesen über die Natur der Männer, über seine Ansprüche an diese und über männliches Verhalten in den Gesellschaften der Gegenwart. Donovan konzipiert das männliche Ethos als ein kriegerisches und begründet vier Grundtugenden der Männlichkeit: ‚Strength‘, ‚Courage‘, ‚Mastery‘ und ‚Honor‘. Seine Ausführungen kulminieren in der Aufforderung an Männer, sich in kleinen, homosozialen Banden zu organisieren. Bereits im Jahr zuvor beklagt Donovan insbesondere die fehlende Zukunft für Männer ‚von seinem Schlag‘ angesichts des gesellschaftlichen Siegeszugs des Feminismus bei gleichzeitiger Entwertung der Männlichkeit: ‚No Man's Land‘ ist eine lediglich aus drei Kapiteln bestehende, 2011 erschienene reine Online-Veröffentlichung und war ursprünglich als Teil von ‚The Way of Men‘ konzipiert, wie Donovan in der zugehörigen Einleitung anmerkt.

2013 gibt Donovan gemeinsam mit Nathan F. Miller den Band ‚Blood Brotherhood. And Other Rites of Male Alliance‘ heraus. Darin findet sich eine Zusammenstellung verschiedenster Rituale männlicher Vergemeinschaftung sowie deren Vorkommen in allerhand Sagen und Erzählungen. Donovan selbst trägt zudem einen Beitrag zur rituellen Praxis und Bewandtnis der Blutsbrüderschaft bei. Im Folgejahr erscheint unter dem Titel ‚A Sky

[4] Donovan veröffentlichte dieses Buch unter dem Pseudonym Jack Malebranche.

Without Eagles. Selected Essays and Speeches 2010 - 2014‘ eine Sammlung von insgesamt 17 Texten Donovans, die zumeist an anderer Stelle bereits veröffentlicht wurden. Inhaltlich bilden sie die Breite seines Weltbilds ab: Sie reichen von der Beschäftigung mit politischen Konzepten über verschiedene männliche Werte bis hin zur Begründung eines neuen Barbarentums. Daran schließt 2016 das Buch ‚Becoming a Barbarian‘ an, das als Fortsetzung von ‚The Way of Men‘ gilt. Donovan wird hier deutlich politischer. Auf Grundlage seiner Theorie der Männlichkeit leistet er einen weitgreifenden Verriss des politischen Systems und der Kultur moderner[5] Gesellschaften und lotet Möglichkeiten der Opposition und Verweigerung aus. Seine Ausführungen führen ihn zu der Forderung, Männer sollten den Bruch mit dem Status Quo vollziehen und gleichsam zu den neuen Barbaren werden. 2018 folgt schließlich der dritte Teil und Donovans bisher jüngstes Buch ‚A More Complete Beast‘. Männlichkeit sei heutzutage gesellschaftlich nicht mehr notwendig, behauptet und beklagt er dort und erörtert dessen ungeachtet, wie Männer zu einem von männlichen Werten geprägten Leben zurückkehren sollen. Donovan konzipiert den unbedingten Willen des ‚Beasts‘ sowie die Gewissheit der eigenen Macht als männliche Tugenden schlechterdings.[6]

Neben der Autorenschaft dieser Reihe von Büchern schreibt Donovan darüber hinaus regelmäßig auf seinem eigenen Online-

---

[5] Donovan ist in seiner Verwendung des Begriffs der Moderne bzw. moderner Gesellschaften recht ungenau. Weniger meint er damit etwa eine konkrete historische Epoche, sondern in erster Linie westliche Gesellschaften der Gegenwart, die etwa durch die Auflösung vergeschlechtlichter Rollenmodelle, die Förderung von Gleichberechtigung und Diversität, Demokratisierung und offene Grenzen, also allgemein durch einen vermeintlichen Bruch mit traditionalen, sprich vormodernen Gewissheiten und Strukturen gekennzeichnet sind. Es wird im Folgenden des Öfteren nicht zu vermeiden sein, die bei Donovan in dieser Weise erfolgte Besetzung des Begriffs zu übernehmen.

[6] Für den Herbst 2020 hat Donovan das Erscheinen eines weiteren Buchs angekündigt.

Blog[7] sowie in weiteren On- und Offline-Magazinen und hält Vorträge über Männlichkeit. Er veröffentlichte unter anderem auf den Seiten von ‚Counter Currents', ‚Radix Journal' und ‚Alternative Right' (mittlerweile: ‚Affirmative Right'). Jeweils handelt es sich dabei um Plattformen der sogenannten Alt-Right-Bewegung, der politisch äußersten Rechten der USA. Darüber hinaus verdingt(e) sich Donovan vermutlich in Gelegenheitsjobs. Er arbeitete als Trucker sowie in der Manufaktur von Fitnessgeräten und betrieb noch 2016 das Tattoostudio ‚New Barbarian Tattoo' am Stadtrand von Portland. Donovan lebte nach Angaben eines Recherche-Artikels der ‚Rose City Antifa' seinerzeit in Oregon City im Süden Portlands (Rose City Antifa 2016). Inzwischen ist er nach The Dalles, eine Kleinstadt im Norden des US-Bundesstaats Oregon, gezogen.

Politische Bezüge, Referenzen und Projekte

Donovans Schriften zu Männern und Männlichkeit haben in den vergangenen Jahren einige Popularität erfahren. Die Leserschaft reicht dabei von Personen aus maskulistisch-männerrechtlichen Kreisen über Anhänger_innen heidnischer Kulte bis hin zu mannigfaltigen RepräsentantInnen der extremen Rechten. Raabe/ Brasch ernennen ihn in einem Leitartikel des antifaschistischen Magazins ‚Lotta' gar zum „aktuellen ‚Shootingstar' unter den extrem rechten Ideologen der Männlichkeit" (2018). Nicht zuletzt finden Donovans Thesen – die Einladung nach Schnellroda belegt dies nachdrücklich – einigen Anklang in der deutschen sogenannten Neuen Rechten[8]. Bereits drei seiner Bücher wurden in deutscher

---

[7] www.jack-donovan.com/

[8] Die Neue Rechte in Deutschland hat sich seit den 1960er Jahren etabliert als kulturelle und politische Gegenbewegung gegen die linksliberale Demokratie und einen konformistischen Konservatismus. Sie dient heute als ein Sammelbegriff unterschiedlicher Kräfte des rechtspopulistischen bis extrem rechten Lagers, denen eine Orientierung an der sogenannten

Sprache vom ‚Verlag Antaios' übersetzt, welcher ebenso wie das ‚Institut für Staatspolitik' vom deutschen Publizisten Götz Kubitschek ins Leben gerufen wurde. ‚The Way of Men' erschien 2016 als ‚Der Weg der Männer', übersetzt von Martin Lichtmesz (eigentlich: Martin Semlitsch), einem österreichischen Akteur der neurechten ‚Identitären Bewegung'. Nur ein Jahr später folgte die Übersetzung von ‚Becoming a Barbarian' als ‚Nur Barbaren können sich verteidigen' durch Nils Wegner, einen weiteren Aktivisten und Autoren der Neuen Rechten, der 2020 schließlich die Übersetzung von ‚A More Complete Beast' als ‚Ein ganzerer Mann' folgen ließ.[9] Donovans Bücher seien „eine sehr persönliche, zugleich notwendige, aber auf jeden Fall provokante Antwort auf die Frage: Was ist Männlichkeit?", heißt es in der Verlagsankündigung.

Auch in sämtlichen namhaften Publikationen der Neuen Rechten in Deutschland wurde Donovan rezensiert oder anderweitig erwähnt. Das rechte ‚Lifestyle'-Magazin ‚Arcadi' erklärt ‚Der Weg der Männer' zu einer „interessanten Mischung aus Weltuntergangs-

---

Konservativen Revolution der Weimarer Republik sowie eine zumindest als solche verlautbarte „Abgrenzung gegenüber dem historischen Faschismus und seinen orthodoxen Nachlassverwaltern" (Stöss 2016) gemein ist. Die Neue Rechte steht für eine zeitgemäße Anpassung rechter Weltbilder, die sich vornehmlich an Themen wie Migration und kulturelle Identität abarbeitet. Letztere soll im Konzept des Ethnopluralismus durch ein Nebeneinander verschiedenartiger Völker gewahrt werden. Dementsprechend stellt sich die Neue Rechte gegen „die globale Moderne mit all ihren Konsequenzen" (Weiß 2017: 22). Außerhalb von Deutschland lassen sich insbesondere in vielen europäischen Staaten sehr ähnliche Phänomene beobachten. Einen größeren Einfluss nimmt etwa die ‚Nouvelle Droite' in Frankreich. In den USA wird der Begriff ‚Alt-Right' oftmals als Pendant zur Neuen Rechten verwendet, der insgesamt allerdings weiter gefasst ist. Dennoch ist eine starke Orientierung der Alt-Right-Bewegung am europäischen Vorbild zu verzeichnen.

[9] Beide Übersetzer steuerten kurze Nachworte zu den Texten Donovans bei, die diese aufgreifen und kontextualisieren. In ‚Der Weg der Männer' findet sich außerdem ein weiteres Nachwort von ‚Raskolnikow', der als Freund des Antaios-Verlags vorgestellt wird und untermalt von Frontberichten aus der Ostukraine das Bild des männlichen Heroen auf die Spitze treibt: „Für uns ist das Opfer die ultimative Tat" (2016: 226).

Szenarien, evolutionärer Psychologie, Kulturgeschichte und Kritik am Zeitgeist" (Szalay 2017). Der Rezensent meint, Donovan spreche „einfache Wahrheiten aus, die lange vergessen sind, und die doch den uralten Instinkt in jedem Mann ansprechen" (ebd.). Die Zeitung ‚Junge Freiheit' nennt dasselbe „ein streitbares Buch, das mit seiner Radikalität frappiert" (Hinz 2017). David Webb wünscht sich in ‚eigentümlich frei' im Anschluss an Donovan weniger junge Männer, „die sich die Schamhaare rasieren und die Haupthaare gelen, und mehr junge Männer aller sexuellen Orientierungen, die auf ihrem Recht bestehen, zu sagen und zu denken, was sie wollen" (2012: 52). Im neurechten Jugendmagazin ‚Blaue Narzisse' findet sich gar ein vierseitiges Interview mit Donovan (Donovan/Schüller 2014), auf den auch im ‚Compact'-Magazin bereits positiv Bezug genommen wurde (Baldig 2017). Bereits 2010 führte Lichtmesz in einem Artikel für die führende Theoriezeitschrift des Milieus, die ‚Sezession', Donovan in den neurechten Diskurs ein (2010). 2017 druckte diese dann die Übersetzung von Donovans eingangs erwähntem Essay unter dem Titel ‚Die harte Währung Gewalt' ab (2017a). Im darauffolgenden Jahr unterstellte der ‚Sezession'-Autor Siegfried Gerlich Donovan eine „ethnomasochistische Leidenschaft der besonderen Art" (2018: 14).

Die überwiegend affirmierenden Bezugnahmen rechter AutorInnen, seine eigenen Veröffentlichungen in diesem politischen Dunstkreis sowie die entsprechenden Kontakte und Auftritte lassen Donovan selbst als einen Vertreter der extremen Rechten[10]

[10] Ich vermeide die Verwendung der Begriffe ‚Rechtsextremismus' und ‚rechtsextrem/rechtsextremistisch' aufgrund deren enger Verwandtschaft mit der Extremismustheorie. Diese geht davon aus, die Gesellschaft entlang einer Skala von ‚rechts' bis ‚links' beschreiben zu können. An den jeweiligen Enden finden sich demnach die beiden Extreme, der ‚Rechtsextremismus' und ein sogenannter ‚Linksextremismus'. Nicht nur legt die Theorie die Gleichsetzung rechten und linken Aktivismus sowie der dahinter stehenden Weltanschauungen nahe, sie verkennt zudem den ‚Extremismus der Mitte', soll heißen, sie verkennt, wie Ideologien am vermeintlichen Rand des politischen Spektrums mit den Ansichten der

erscheinen. Inwiefern seine theoretischen Ausführungen tatsächlich diese Einschätzung validieren, gilt es im Weiteren zu klären. Donovans Berührungsängste erscheinen zumindest auch abseits seines Auftritts in Schnellroda nicht besonders ausgeprägt. In den USA war er mit Vorträgen mehrmals bei Veranstaltungen des ‚National Policy Institute' (NPI) zu Gast, für das der Chef-Ideologe der Alt-Right-Bewegung, Richard Spencer, verantwortlich zeichnet. In seinem Podcast-Format ‚Start The World' interviewte Donovan zudem freimütig die beiden österreichischen Aktivisten der extrem rechten ‚Identitären Bewegung', Martin Lichtmesz und Martin Sellner.

Donovan selbst betont, kein „white supremacist" (2014a: 54) zu sein. In einer Positionierung auf seiner Homepage führt er aus: „I have never considered myself a White Nationalist, and have never publicly claimed to be one. I have always believed in the importance of freedom of speech and the free exchange of ideas – especially unpopular ideas" (o.J. a). Auch von der Alt-Right-Bewegung grenzt er sich dort mittlerweile ab. Diese sei ein Sammelbecken politischer und ideologischer Dissidenten gewesen – zu denen er sich auch zählt. Da sich die Bewegung aber zunehmend in Richtung eines ‚White Nationalism' entwickelt habe, habe Donovan seine Verbindungen abgebrochen und möchte nicht mehr mit der Szene in Verbindung gebracht werden. 2014 klang das noch uneindeutiger:

Mehrheitsgesellschaft in Verbindung stehen (vgl. Initiative gegen jeden Extremismusbegriff 2008). Der Begriff ‚extreme Rechte' soll hingegen als ein Sammelbegriff dienen, um „die Nähe der darunter versammelten Ideologien zueinander darzustellen" (AG Begriffsdebatte im AIB 2012). Im Anschluss an Willibald Holzer – der allerdings den im österreichischen Diskurs in diesem Sinne gebräuchlichen Begriff des ‚Rechtsextremismus' verwendet – meint ‚extrem rechts' eine Steigerungsform bürgerlicher Wertvorstellungen und die Verwendung des Begriffs beinhaltet damit eine gesellschaftskritische Komponente (1994: 16ff.). Von ‚extremer Rechte' zu sprechen halte ich deshalb für fruchtbar, wenn dies auch nach wie vor einen „tendenziell unzureichend[en]" und „pragmatische[n] Versuch" einer „Alternativbegrifflichkeit" darstellt (Hüttmann 2012).

„I support White Nationalists. They are not all equally right about everything, but I am sympathetic to many of their general aims“ (2014a: 47).

Donovans politischer Standort begründet sich aber seit jeher zuallererst durch seine Konzeptualisierung von Männlichkeit, über deren Gehalt sich streiten lässt. Sie ist – wie im Folgenden auszuführen sein wird – durch ein Nebeneinander und Bekriegen weitgehend abgeschlossener Männerbanden gekennzeichnet. Raabe/Brasch meinen, seine Argumentation sei dabei mitunter „offen rassistisch“ (2018). Donovan würde sich einer solchen Einschätzung verwehren, denn sein Fokus ist ein anderer: „I am pro-white, but race is not my favorite issue to write about. [...] My work is about men. It's about understanding masculinity and the plight of men in the modern world“ (2014a: 55).

Nicht zuletzt zu diesem Zwecke – aber wiederum zugleich mit deutlich politischem Beigeschmack – war Donovan Teil der neo-paganen Gruppe ‚Wolves of Vinland‘ (WoV). Diese stellt ein bizarr anmutendes Netzwerk von Männern in verschiedenen Regionen Nordamerikas dar, die in einer „Mischung aus experimenteller Archäologie und frühmittelalterlichem Reenactment“ (djadmoros 2016b) eine durch und durch männliche Gesellschaft im Kleinen aufzubauen versuchen. Zu ihrem Programm zählen unter anderem germanisch-heidnische Rituale, Mixed-Martial-Arts-(MMA)-Kämpfe unter den Gruppenmitgliedern und die Bewirtschaftung eigener ländlicher Grundstücke, den kultischen Orten der einzelnen ‚Chapter‘. Donovan wurde nach einem Jahr Anwärterschaft – Struktur wie Ästhetik der ‚Wolves‘ ähneln denen von Rockerclubs auffallend deutlich – im Juni 2015 in die WoV aufgenommen (2017b: 8) und begründete das ‚Cascadia Chapter‘[11] des

[11] Kaskadien ist eine Region im Pazifischen Nordwesten Amerikas, die insbesondere die US-Bundesstaaten Washington und Oregon sowie die kanadische Provinz British Columbia umfasst. Die Bezugnahme auf dieses Gebiet schließt möglicherweise an vereinzelt bestehende Sezessions-bestrebungen in Teilen der dortigen Bevölkerung an. Zugleich dient sie, wie auch die Verwendung des nordischen Namens ‚Vinland‘ für das von

eigentümlichen Männerbundes.[12] 2018 verließ er die Gruppe wieder. Obwohl die WoV sich nicht unmittelbar politisch betätigen, stehen sie klar rechts. Donovan selbst behauptete zwar, die WoV würden sich nicht als „white-nationalist or alt-right group“ (O'Connor 2017) begreifen, an ihrer Attraktivität für diese Szene änderte dies aber wenig. Bradley Dean Griffin, eine zentrale Figur der extrem Rechten in den USA, sagte über die WoV: „It might be the leading example of a real world WN (white nationalist) community in the North American continent“ (zit. n. Woodruff 2015). Auch auf der Liste sogenannter ‚active hate groups‘ der renommierten Bürgerrechtsorganisation ‚Southern Poverty Law Center‘ finden sich die WoV.[13] Dies erscheint nicht zuletzt deshalb angebracht, weil Gruppenmitglied Maurice Michaely zweieinhalb Jahre im Gefängnis verbrachte, nachdem er eine historische Kirche der Black Community anzündete. Die WoV forderten mit ‚Free Hjalti‘-Botschaften – Hjalti ist der von den WoV verwendete nordische Name des Täters – seine Freilassung (Woodruff 2015).

---

den Wikingern erkundete Nordamerika, für die WoV als Ausdruck ihrer Nähe zu paganen Kulturen.

[12] Zum Netzwerk der WoV gehören auch die Gruppen der ‚Operation Werewolf‘ (OP). Diese fungieren gewissermaßen als Anwärtergruppen, in denen Männer unter ideologischer Führung der WoV in deren Anforderungen eingeführt werden. Runenkulte und heidnische Ritualwelten, kämpferische Auseinandersetzungen und extensiver Fitnesssport sowie die Inszenierung der OP als Marke im Internet gehören wie bei ihrer Vorbildorganisation zur Praxis der Gruppen. OP-Gruppen haben sich auch in Europa gebildet. In Deutschland existieren etwa die ‚Wölfe Nordland‘, die – und ihre Tattoo-Rituale – von Sebastian Pella mit Verweis auf Donovan im neurechten ‚Arcadi‘-Magazin vorgestellt wurden (2018).

[13] Die Auflistung ist abrufbar unter: https://www.splcenter.org/hate-map/by-state

Vor diesem Hintergrund stehen im Mittelpunkt dieses Buches die folgenden Fragen zentral. Erstens: Was ist das Männlichkeitsbild Jack Donovans? Zweitens: Wie fügt sich dieses in die Geschichte und Gegenwart extrem rechter Konzeptionen von Männlichkeit ein? Und drittens muss darüber hinaus ein Augenmerk auf die persönliche Inszenierung Donovans gelegt werden.

Für eine Fokussierung dieser Aspekte spricht folgende Sachlage: Um die Person Jack Donovan ist, so scheint es, eine Art ‚Hype' entstanden. Wann immer er Erwähnung findet, wird zumeist darauf verwiesen, dass dieser derzeit zu den angesagtesten und meistgelesenen AutorInnen rechter Männlichkeitsideologien zähle. Donovan habe AnhängerInnen unter homosexuellen Männern, im weiten Feld der antifeministischen ‚Manosphere'-Szene[14] sowie in den verschiedensten Ecken der extremen Rechten. Zugleich finden sich allerdings verhältnismäßig wenige Bezugnahmen auf den konkreten Gehalt seiner Theorien zu Männlichkeit – vor allem von denjenigen, die eine Kritik an ihm formulieren. Donovan erscheint so als ein relevantes, aber schwer greifbares Phänomen. Er ist ohne Frage eine Erscheinung: Seine Inszenierung zwischen wildem, primitiven Urmann, Social-Media-affiner Kunstfigur und vulgär-intellektuellem Schriftsteller, dazu ein imposanter und bis ins letzte Mark gepflegter, trainierter und ästhetisierter Körper, strahlen eine Faszination aus, der man sich nur schwer gänzlich entziehen kann – der gerade deshalb aber auch eine eingehende Beschäftigung mit seinem geschlechtertheoretischen Wirken anzufügen wäre.

Bis dato liegt jedoch außerordentlich wenig wissenschaftliche Literatur zu Donovan vor. Für den deutschen Sprachraum sind dies

14 Mit dem Begriff ‚Manosphere' wird im angloamerikanischen Sprachraum das weite Feld verschiedenster männer- und väterrechtlicher sowie antifeministischer Aktivist_innen und Gruppen bezeichnet, deren Gemeinsamkeit es ist, ausgehend von der Annahme eines gesellschaftlichen Ungleichgewichts zulasten der Männer Politik und Lobbyarbeit bis hin zu Hassverbrechen gegen Frauen zu betreiben.

einige Seiten in Volker Weiß‘ Buch zur Genealogie und Ideengeschichte der Neuen Rechten, ‚Die autoritäre Revolte‘, auf denen dieser am Beispiel Donovans insbesondere die „rigiden Vorstellungen von Geschlechteridentität“ (2017: 228) der entsprechenden AkteurInnen darstellt. Auch Judith Goetz erwähnt Donovan in zwei Artikeln zum Männlichkeitsbild der ‚Identitären Bewegung‘ (2017, 2019) und schreibt ihm eine Brückenfunktion zu, „sodass Homosexualität und identitärer Aktivismus in keinem Widerspruch zueinander stehen“ (2019: 24). Hinzu kommt eine von Kathrin Glösel im Anschluss an das Erscheinen der deutschen Ausgabe von ‚The Way of Men‘ verfasste Rezension zum Buch, die dieses vorstellt und einer scharfen Kritik unterzieht (2016). Die umfassendste Beschäftigung mit Donovan findet sich auf dem antifeministisch-maskulistischen Blog ‚Geschlechterallerlei‘ von einem Autoren mit dem Pseudonym ‚djadmoros‘. Aufgeteilt auf drei Artikel analysiert dieser umfassend Donovans Bücher ‚Androphilia‘, ‚The Way of Men‘ und ‚Becoming a Barbarian‘, kontextualisiert deren Inhalte und versucht sich an einer kritischen Einschätzung und politischen Verortung Donovans (2016a, 2016b, 2016c). Der Autor argumentiert überwiegend schlüssig und theoretisch fundiert, die seiner maskulistischen Ideologie entsprechende generelle Sympathie für Donovan kann er allerdings nicht verbergen.[15] Auch englischsprachig finden sich kaum mehr als

[15] Außerdem hat der laut eigener Aussage ehemalige Bundeswehrsoldat, Motorradclub-Member, Kraftsportler und Immobilienunternehmer Max Reinhardt 2019 das Buch ‚Vom Barbar zum Fürst‘ im Selbstverlag veröffentlicht. Im Klappentext heißt es: „Dieses Buch handelt von mentaler und finanzieller Selbstermächtigung. Es richtet sich primär an Männer, die bereits The Way of Men, Becoming a Barbarian und A More Complete Beast von Jack Donovan gelesen haben“. Reinhardt bemüht sich darin skurrilerweise, die Thesen Donovans in einen Ratgeber für den Immobilienhandel zu übersetzen. Er ist weiterhin Betreiber des Blogs ‚Das Glück ist ein Freund des Starken‘ (Link: https://www.dasglueckisteinfreunddesstarken.de/), in dessen Logo Donovans Grundtugenden der Männlichkeit eingearbeitet sind. Im Frühjahr 2020 wurde dort ein kurzes Interview mit Donovan auf Deutsch und auf Englisch veröffentlicht (Reinhardt/Donovan 2020).

kurze Abhandlungen in journalistischen Texten und Online-Rezensionen, nicht zuletzt in Video-Form auf YouTube. Einzig ein 2019 in einem Überblickswerk über extrem rechte Theoretiker der jüngeren Vergangenheit und Gegenwart erschienener Artikel von Matthew Lyons steht für eine kenntnisreiche und angemessen fundierte wissenschaftliche Bearbeitung Donovans, kann dort allerdings auf wenigen Seiten auch nur angerissen werden. Lyons erklärt Donovan zu „one of the American Right‘s most innovative and distinctive thinkers“ (2019: 242), dessen Ideologie des männlichen Tribalismus vielfältig rezipiert werde. Seine Arbeit sei, so Lyons‘ Fazit, „part of a long-term rightist backlash against the rise of feminism“ (ebd.: 254). In Foren und auf Blogs der ‚Manosphere‘-Szene wird Donovan deshalb vielfach diskutiert. Diese Form der Auseinandersetzung passt sowohl zu dessen eigenem Schwerpunkt auf Online-Inhalte, als auch ist sie darüber hinaus als eine zeit- und milieutypische Bearbeitung populärer Themen zu verstehen.[16]

Eine methodische Annäherung

Die somit gewahr werdende Lücke soll im Folgenden geschlossen werden. Die Frage nach dem Männlichkeitsbild Donovans zielt auf eine grundlegende Analyse seiner theoretischen Abhandlungen über Geschlecht. Nicht zuletzt, weil dazu seine gesamte in Buchform veröffentlichte Literatur untersucht wird, kann damit eine bisher nicht existierende Aufarbeitung und Darstellung der Männlichkeitstheorie Jack Donovans geleistet werden.[17]

---

[16] Dieser Trend ist hinsichtlich Donovan durchaus auch in Deutschland zu beobachten. Auf der Homepage der ‚Sezession‘ wurde etwa ein Beitrag zum Erscheinen von ‚Der Weg der Männer‘ von den Usern in über einhundert Kommentaren heiß diskutiert.

[17] Jeweils werden die Erstauflagen der Bücher Donovans untersucht. Die in ‚A Sky Without Eagles‘ versammelten Essays finden sich nicht einzeln, sondern zusammengefasst unter 2014a im Literaturverzeichnis. Für ‚The

Die methodische Umsetzung dieses Vorhabens orientierte sich an der Qualitativen Inhaltsanalyse[18]. Dadurch wurde sowohl ein regelgeleitetes und strukturiertes Vorgehen ermöglicht, als auch konnte eine hermeneutische Perspektive auf den zu analysierenden Text angelegt werden. Für die Anwendung des inhaltsanalytischen Verfahrens sprachen insbesondere folgende Gründe:

Zunächst gestattet die Qualitative Inhaltsanalyse prinzipiell „Auswertungen jedweder Art von Texten“ (Meuser 2003: 90), auch die in den Sozialwissenschaften ungewöhnliche Textsorte Literatur. Die Analyse von Donovans Texten erhält so eine methodologische Validität, ohne dass etliche Anpassungen notwendig wurden. Zudem ist die Qualitative Inhaltsanalyse in der Lage große Textmengen methodisch sicher zu bewältigen. Die „Reduktion des Materials“ (Flick 1999: 212) ist ein erklärtes Ziel dieser Methode. Angesichts des Umfangs des der Analyse zugrundeliegenden Textkorpus ermöglicht sie somit die für eine stringente Auseinandersetzung unerlässliche strukturierte Komprimierung des Materials. Dies gilt insbesondere deshalb, weil sich Donovans Ausführungen durch Redundanzen und Wiederholungen über die verschiedenen Texte hinweg, aber auch innerhalb einzelner Texte,

---

Way of Men‘ und ‚Becoming a Barbarian‘ wurden hauptsächlich die deutschen Übersetzungen verwendet. Dies gilt es an dieser Stelle insbesondere deshalb vorwegzuschicken, weil beide Übersetzer in der extremen Rechten verhaftet sind und eine politische Agenda womöglich an mancher Stelle einen Einfluss auf ihre Arbeit genommen hat. Zudem fehlen im Materialkorpus weitgehend die von Donovan online oder an ‚fremder‘ Stelle publizierten Texte, sofern diese nicht auch in einem seiner Bücher enthalten sind.

[18] Die Qualitative Inhaltsanalyse gilt gegenwärtig als eines der etabliertesten Verfahren zur sozialwissenschaftlichen Analyse von Texten. Sie orientiert sich am Vorgehen der ebenfalls sehr populären Quantitativen Inhaltsanalyse. Mitunter werden beide Methoden miteinander kombiniert. In Deutschland ist die Qualitative Inhaltsanalyse vor allem mit dem Namen Philipp Mayring verbunden, der sie über viele Jahre kontinuierlich entwickelt hat. Viele weitere Sozialforscher_innen haben darüber hinaus im Anschluss an Mayring das Verfahren weitergedacht und neue Anwendungsbereiche erschlossen.

Kapitel und Passagen auszeichnen. Die Reduzierung und Zusammenfassung einzelner Textbausteine verschafft so einen Überblick über die tatsächlich relevanten Inhalte und lässt es zugleich zu, inhaltliche Summierungen und Häufigkeitsverteilungen zu identifizieren. Es findet eine „sukzessive Verdichtung von umfangreichem Datenmaterial statt“ (Meuser 2003: 90). Dadurch werden eine theoriegeleitete Strukturierung und das Anlegen einer externen Perspektive an den Text möglich. Hinsichtlich der Beschäftigung mit Donovan konnte so die eigene Fragestellung ins Zentrum der Analyse gesetzt und zu einer über die vom Autor intendierte Lesart hinausgehenden Interpretation verholfen werden. Mit diesem Vorgehen konnte die Textstruktur Donovans aktiv aufgebrochen und einer bloßen Reproduktion seiner Denkweise entkommen werden, welche vielmehr neu kontextualisiert und dabei kritisch reflektiert wurde.[19]

Die Qualitative Inhaltsanalyse an sich ist kein abgeschlossenes Verfahren, sondern ein Sammelbegriff für eine Reihe inhaltsanalytischer Methoden (Schreier 2014). Allen Verfahren gemein ist die zentrale Stellung des Kategoriensystems als Analyseinstrument. Dieses wird auf Basis theoretischer Vorarbeit entwickelt, am Material erprobt und modifiziert sowie auf den gesamten vorliegenden Textkorpus angewandt (Schreier 2014). Der Grundvorgang der Methode besteht in der iterativen, „regelgeleiteten Zuordnung von […] Kategorien zu konkreten

---

[19] Die Qualitative Inhaltsanalyse grenzt sich diesbezüglich deutlich von sequenzanalytischen Auswertungsmethoden ab, die der spezifischen Gewordenheit von Texten eine analytische Bedeutung beimessen und deren sequenzielle Gestalt deshalb nicht verlassen. Für die Analyse literarischer Texte, die im Gegensatz etwa zu Interviewerzählungen meist ohnehin nicht ‚in einem Guss‘, sondern nach und nach zusammengesetzt werden, ist dieses Vorgehen mithin wenig sinnvoll. Analog zu sequenzanalytischen Verfahren sind in der Qualitativen Inhaltsanalyse Feinanalysen einzelner Textteile dennoch legitim, die es in der vorliegenden Arbeit etwa ermöglichten, in besonderer Weise herausstehende, inhaltlich dichte Passagen Donovans auf ihren latenten Sinngehalt und die Einbettung in den Gesamtkontext hin zu untersuchen.

Textstellen“ (Mayring/Fenzl 2014: 546). Erstellung und Anwendung des Kategoriensystems erfolgen dabei „interpretativ“ (Schreier 2014): Das Ziel der Methode ist die intersubjektiv nachvollziehbare „Beschreibung ausgewählter [!] Textbedeutungen“ (ebd.).

Kategorienbildung zur Strukturierung in der Qualitativen Inhaltsanalyse

Für die Analyse der Texte Donovans wurde sich für ein Vorgehen in Anlehnung an einen Verfahrensvorschlag Udo Kuckartz‘ für die inhaltlich-strukturierende Qualitative Inhaltsanalyse entschieden (2016: 97ff.). Damit sollte Material zu einem spezifischen Themenbereich – dem Männlichkeitsbild Donovans – extrahiert und zusammengefasst sowie dessen Struktur herausgefiltert werden (Mayring 2015: 97, 99). Ein Vorteil dieses Verfahrens ist die Möglichkeit einer Kombination der deduktiven und induktiven Entwicklung von Kategorien, die sich wie im Folgenden erläutert zunutze gemacht wurde.

Die Grundlage der inhaltlich-strukturierenden Qualitativen Inhaltsanalyse bildet ein „mehrstufiges Verfahren der Kategorienbildung“ (Kuckartz 2016: 97). Kategorien sollen Textpassagen begrifflich abgrenzen und klassifizieren und so den Inhalt und die innere Struktur von Texten abbilden. Sie „stellen Analyseaspekte als Kurzformulierungen dar“ (Mayring/Fenzl 2014: 544). Zunächst beginnt die eigentliche Analyse aber mit einer Phase initiierender Textarbeit, in der sich ein grober Überblick über das Material verschafft wird und erste Auffälligkeiten notiert werden. Daran anschließend folgt die Entwicklung thematischer Hauptkategorien. Die erste Lektüre des Textes kann dazu beitragen, hauptsächlich aber werden diese Kategorien vorab auf Grundlage der die Analyse leitenden Fragestellung gebildet. Die dabei ermittelten zentralen Schlüsselbegriffe werden anschließend als Hauptkategorien deduktiv an das Material angelegt. Dieses Vorgehen begründet wesentlich die Theoriegeleitetheit der Methode. Die Kategorien wurden wie von Kuckartz vorgesehen zunächst an einem Teil des Materials getestet und im weiteren Verlauf gegebenenfalls modifiziert und erweitert. Als Ergebnis steht ein Kategoriensystem, das als „Stütze und Kontrollinstrument“ (Jensen 2008: 267) für die folgenden Kodiervorhaben dient und die Nachvollziehbarkeit des Vorgehens gewährleistet. In einem dritten Schritt soll das gesamte Material anhand der Hauptkategorien kodiert werden. Der Text wird nun sequenziell bearbeitet und einzelne Abschnitte den Kategorien zugewiesen. Zentrales Kriterium für die Größe dieser Sinneinheiten ist, dass sie sich auch alleine stehend als verständlich erweisen. Für die Forschungsfrage nicht relevante Textstellen werden nicht kodiert (Kuckartz 2016: 102ff.).

An dieser Stelle verließ ich die Struktur des von Kuckartz entwickelten Verfahrens: Zur Fokussierung der Frage nach dem Männlichkeitsbild Donovans entschied ich mich nach der ersten Lektüre seiner Texte dafür, das Buch ‚Der Weg der Männer‘ (2016b) zentral zu setzen, wofür neben dessen herausstechender inhaltlicher Relevanz innerhalb des Gesamtwerkes angesichts der Fülle des Materials auch forschungspraktische Erwägungen sprachen (vgl. Kuckartz 2016: 110). Deshalb kodierte ich zunächst lediglich diesen Text mit den Hauptkategorien und entwickelte auf dieser Grundlage Subkategorien, die dann für die Analyse des weiteren Materials genutzt und dabei ergänzt wurden. Dazu wurden die mit denselben Hauptkategorien kodierten Textpassagen zusammengestellt und darauf aufbauend weitere, detailliertere Kategorien am Material bestimmt. Beim Vorgehen der inhaltlich-strukturierenden Qualitativen Inhaltsanalyse handelt es sich demnach um eine Mischform der Kategorienbildung: Die deduktiv entwickelten Hauptkategorien dienen als „eine Art Suchraster“ (ebd.: 96), dem die induktive Formulierung von Subkategorien folgt. Ähnlich der Generierung sogenannter In-vivo-Codes im Forschungsstil der ‚Grounded Theory‘ (Kuckartz 2014: 68; Strauss 1998: 64) soll damit die „Erfassung des Gegenstands in der Sprache des Materials“ (Mayring 2015: 86) möglich werden. Kuckartz verwehrt sich allerdings gegen die seiner Ansicht nach „naive Sichtweise, dass Kategorien quasi aus dem Material emergieren“ (2014: 65), und betont die interpretative Leistung der Forschenden.[20] In der Analyse von Donovans Texten konnten so den deduktiv aus theoretischen Vorüberlegungen entwickelten Hauptkategorien weitere, in diesem Schritt der Methode identifizierte Subkategorien zugefügt werden, die zu einer umfassenden und spezifizierten Strukturierung beitrugen und mit denen anschließend das Gesamtmaterial kodiert wurde. Vor dem Hintergrund, dass nur sehr wenige Ergänzungen im weiteren Verlauf nötig wurden, erwies sich die für das Gros des Materials gegebene unmittelbare Anwendung der Subkategorien als forschungspraktisch produktiv und effektiv.

Gliederung

Im Folgenden wird zunächst in den *Forschungsstand zum Thema extrem rechte Männlichkeitskonstruktion* umfassend eingeführt (Kapitel 2). Dieser bildet den theoretischen Unterbau und mithin die Basis der Kategorienbildung. Die sich anschließende *Darstellung der Ergebnisse der Inhaltsanalyse der Texte Jack Donovans* (Kapitel 3) geschieht, wie von Kuckartz angeraten, „entlang der Hauptkategorien“ (2016: 118), sodass eine thematisch strukturierte Auseinandersetzung mit der Fragestellung möglich wird (vgl. Schreier 2014). Dabei wurden allerdings für die Präsentation sinnige und forschungslogisch gangbare Zusammenführungen vorgenommen. In Kapitel 4 werden eine *Kontextualisierung der Ergebnisse vorgenommen und Optionen der Kritik an Donovan* aufgezeigt. Dies muss vor dem Hintergrund vielfältigster Anschlussmöglichkeiten notwendigerweise unvollständig bleiben, soll aber das leitende Moment der Frage nach der Einordnung von Donovans Männlichkeitsbild in extrem rechte Geschlechterideologien bilden. Es wird besprochen, inwiefern der angesichts der politischen

---

20 Sein an Mayring orientierter Verfahrensvorschlag für die Kategorienbildung am Material findet sich in Kuckartz 2014: 63ff.

Verortung Donovans naheliegende Zusammenhang sich tatsächlich als zutreffend erweist. Dabei geht es auch unter anderem um die Fragen, inwiefern Donovans Theorie eine Adaption bestehender Konzepte darstellt und historische Vorgänger hat; für wen seine Ansichten aus welchen Gründen attraktiv sind; und welche weltanschaulichen Verhaftungen sich darin wiederfinden. Darauf folgt eine *Analyse der Social-Media- und Online-Aktivitäten Donovans*, die insbesondere dessen auffallende Inszenierung der eigenen Person kritisch reflektiert (Kapitel 5). Im Unterschied zur umfassenden Untersuchung des Textkorpus Donovans wird hier auf die Anwendung strenger methodologischer Paradigmen allerdings weitgehend verzichtet. Ein kurzes *Fazit* beschließt in Kapitel 6 die Auseinandersetzung mit dem Werk und Wirken Jack Donovans.

2. Männlichkeitskonstruktion(en) in der extremen Rechten

Wie denken extrem rechte Männer über Geschlecht? Denken extrem rechte Männer überhaupt über Geschlecht? Wie hängt das mit ihrer politischen Haltung, ihren Aktivitäten und ihrem Verhalten zusammen? Was ist das gesellschaftliche Bild extrem rechter Männer? Inwiefern treffen Vorurteile darüber auch in der Realität zu? Wie denken extrem rechte Männer über Unmännlichkeit, Frauen, Homosexualität?

Jack Donovan hat, wie sich im weiteren Verlauf herausstellen wird, sein eigenes Bild extrem rechter Männlichkeit geschaffen – und umfassend niedergeschrieben. Für die allermeisten Rechten gilt das so nicht. Sie orientieren sich an (vermeintlichen) Normerwartungen und Szene-Kodes. Auch Donovan ist davon selbstverständlich nicht befreit. Sein Standpunkt ist gegründet in einer langen extrem rechten Denktradition über Geschlecht und insbesondere über Männlichkeit, die zwar selten ausformuliert, aber stets wirkmächtig war. Es funktioniert mithin nicht, Donovans Ausführungen unabhängig von dem politischen Milieu, in dem er sich bewegt, zu betrachten. Die in der extremen Rechten dominanten Vorstellungen über Geschlecht sind Antrieb und Bezugspunkt seiner Texte, wenn sie auch meist eher vage gehalten sind. Donovan verschriftlicht gewissermaßen Ungeschriebenes und leistet etwas, an dem sich auch Kritiker_innen der extremen Rechten seit vielen Jahren versuchen: Die Bestimmung des extrem rechten Männerbildes.

In den verschiedenen Spektren der extremen Rechten lassen sich zwar viele gleichartige und ähnliche, aber auch durchaus unterschiedliche Versatzstücke eines extrem rechten Geschlechterbilds finden. Dabei sind es auch die Unhinterfragbarkeit und Selbstverständlichkeit, mit denen Geschlecht in der extremen Rechten begegnet wird – Geschlecht wird verstanden als natürliche Tatsache, der sich näher zu widmen deshalb überflüssig und falsch sei –, die dazu führt, dass Konzepte und Anforderungen vor allem in den Köpfen der Rechten fortleben und sich nur gelegentlich und vermittelt in politischen Manifestationen widerspiegeln. Männlichkeit ist die „unsichtbare Norm“ (Sanders 2019: 8).

Die kritische Analyse extrem rechter Geschlechterbilder steht damit vor einigen Herausforderungen: Es gilt aus dem riesigen Wust historischer und rezenter Dokumente der extremen Rechten einen zusammenhängenden Konsens herauszuarbeiten, ohne sich dabei auf allzu viele Debatten und Auseinandersetzungen innerhalb des zu beobachtenden politischen Milieus selbst stützen zu können. Dabei sind Differenzen, Widersprüche und Veränderungen kritisch zu bedenken und einzuordnen. Von ‚der extremen Rechten‘ kann ohnehin nur bedingt im Singular gesprochen werden. Vielmehr koexistieren und koexistierten unterschiedliche Lager mit zum Teil verschiedenen sozialen, organisationalen und theoretischen Hintergründen, die entsprechend differente Repräsentationen von Geschlecht kennen und darstellen. In der extremen Rechten obwalten somit vielzählige Annahmen über Geschlecht.

Trotz dieser Einschränkungen ist oft und durchaus zu Recht von dem extrem rechten Geschlechterbild die Rede. Über etwaige Differenzen hinweg haben Forscher_innen einen Kern dessen herauskristallisieren können, der auch mit geläufigen Alltagsannahmen über extrem rechte Vorstellungen zu Geschlecht in vielerlei Hinsicht übereinstimmt. Dabei wurde das Themenfeld lange vernachlässigt. Zu unterscheiden gilt es zwischen der Beschäftigung mit extrem rechten Frauen und Männern. Frauen als ‚die anderen‘ Akteurinnen des Milieus sind in den 1990er Jahren vermehrt zum Gegenstand der (deutschsprachigen) Rechtsextremismusforschung geworden. Studien beschäftigten sich etwa mit den historischen Frauen des Nationalsozialismus (Benz 1997; Jeansonne 1996; Kuhn 1994; Wagner 1996), mit Frauen in der rechten Szene (Balbach 1994; Bitzan 1997; Büchner 1995; Fantifa Kassel 1993) und mit dem Verhältnis von Ideologie und Geschlechtlichkeit (Durham 1998; Siller 1997; Tillner 1994, Wlecklik 1995).

Die Forschung zu extrem rechten Männern und Männlichkeitskonzepten konnte da lange nicht mithalten. Erst in jüngerer Vergangenheit sind diese vermehrt zum Thema geworden, nicht zuletzt auch vor dem Hintergrund rechtsextremismus-präventiver Maßnahmen, die zunehmend geschlechtliche Bedarfe als mögliche Anreize für ein Engagement in der rechten Szene in den Blick nehmen. Eine bedeutende Veröffentlichung stellte in diesem Kontext der von Robert Claus, Esther Lehnert und Yves Müller herausgegebene Sammelband „‚Was ein rechter Mann ist ...‘ Männlichkeiten im Rechtsextremismus“ (2010) dar, der eine Vielzahl fachkundiger Artikel zu unterschiedlichen Aspekten des Themenfeldes versammelt.[21] Insgesamt ist die wissenschaftliche Auseinandersetzung mit extrem rechten Männern innerhalb des Fachgebiets der kritischen Männlichkeitsforschung zu verorten: Extrem rechte Vorstellungen über Geschlecht und Männlichkeit stehen jeweils in engem Wechselspiel zu den dominanten Konzepten der Mehrheitsgesellschaft. Wie zu sehen sein wird, wird dabei eine Geschlechterordnung überformt und radikalisiert, welche ohnehin kontinuierlich Ungleichheiten und Ausschlüsse produziert.

[21] Darüber hinaus bezieht sich, wie dies auch für die Forschung zu extrem rechten Frauen gilt, ein Gutteil der thematisch einschlägigen Literatur auf den historischen Nationalsozialismus. Ohnehin ist die extreme Rechte Deutschlands – auch für die fremdsprachige Forschung – ein zentraler Bezugspunkt. Die Übertragung auf den US-amerikanischen Raum und damit auf die (politische) Heimat Donovans gestaltet sich insofern komplex, dennoch kann von einer Parallelität zentraler Strukturprinzipien ausgegangen werden – in Hinblick sowohl auf extrem rechte Ideologie als auch auf Männlichkeitsbilder in westlichen Gesellschaften.

Der soldatische Mann

Eine derartige Radikalisierung stellt das für extrem rechte Männer bedeutsame Ideal ‚soldatischer Männlichkeit' dar. Es schließt an die Vorstellung einer besonderen männlichen Härte an, welche durch die Figur des Soldaten deutlich verschärft und geradewegs zu einer Sache von Leben und Tod gesteigert wird. Die in der Figur des (politischen) Soldaten versammelten aspirierten Eigenheiten stellen die Grundlage des extrem rechten männlichen Wertekodex dar.

Das Ideal hat seine historischen Vorgänger insbesondere in den Geschlechterrollenanforderungen an Männer des Nationalsozialismus (der schließlich tatsächlich den Krieg und die massenhafte Mobilisierung von Männern als Soldaten mit sich brachte); soldatische Männlichkeit habe seinerzeit den Status ‚hegemonialer Männlichkeit' eingenommen (Dietrich/Heise 2013: 8). In der für die Geschlechterforschung prägenden Terminologie der australischen Soziologin Raewyn Connell ist damit „jene Form von Männlichkeit [bezeichnet], die in einer gegebenen Struktur des Geschlechterverhältnisses die bestimmende Position einnimmt" (2000: 97). Mit anderen Worten: Soldatische Männlichkeit fasst diejenigen Eigenheiten (begrifflich) zusammen, die während des Nationalsozialismus als in besonderer Weise männlich galten. Eine solche Stellung soldatischer Männlichkeit lässt sich für moderne westliche Gesellschaften freilich nicht mehr behaupten. Wie Connell allerdings an anderer Stelle bemerkt, wurde das soldatische Idealbild in extrem rechte Zusammenhänge der Gegenwart übertragen (2013: 38). Dort gelten soldatische Männlichkeit und die sie rahmenden Werte Härte und Disziplin, Elitedünkel und Gehorsam, Kampf- und Opferbereitschaft sowie hierarchische Vorstellungen von Gesellschaft nach wie vor als hegemonial.

Die maßlose Überhöhung des Militärischen durch rechte Männer begründet dessen Transzendierung zu einem Wert an sich: Soldatentum und Männlichkeit werden nachgerade gleichgesetzt. So galt bereits für die Geschlechterideologie der ‚Sturmabteilung‘ (SA): „Jeder echte Mann ist seinem Wesen nach Soldat“ (Reichardt 2002: 663). Auch Werner legt eine historische Perspektive an in seinem äußerst dichten und überzeugenden Artikel zum Männlichkeitsideal deutscher Soldaten im Zweiten Weltkrieg und konzipiert den Krieg gleichsam als ultimativen Bestimmungsort extrem rechter Männer (2013: 46) – eine Traditionslinie, die sich bis in modernste Ausprägungen ideologisch wesensgleicher Zusammenhänge fortsetzt, wie Witte für die Szene der ‚Autonomen NationalistInnen‘ zeigt, denen – als Substitut des Krieges – der „Kampf gegen Antifaschist_innen ein Männlichkeitsritual und als ‚ernstes Spiel‘ auch Mittel männlicher Vergemeinschaftung“ (2010: 171) ist. Der hierbei von Bourdieu entlehnte Begriff der „ernsten Spiele“ (1997: 203) ermöglicht es, das Ideal der soldatischen Männlichkeit zugleich als illusorisch und dennoch wirkmächtig zu begreifen, insofern er einerseits den Charakter des Ideals als Maßgabe (im ‚Spiel‘) offenbart und andererseits impliziert, dass Männlichkeit im sozialkonstruktivistischen Sinne und über eine rein symbolische Ebene hinausgehend auch tatsächlich *gemacht* wird – in den Spielen, „deren Form par excellence der Krieg ist“ (ebd.: 196).

Härte gilt als unerlässliche Qualität des politischen Soldaten und als Indikator für männliches Verhalten. „Härte und Weichheit waren die polaren Kategorien, in denen Männer ihr Mann-Sein begrifflich ordneten“, schreibt Kühne über die nationalsozialistischen Soldaten (2006: 142). Das Ideal wirkt dabei in zwei Richtungen: als Härte gegen sich selbst sowie gegenüber anderen. Ein eiserner Anspruch an Durchhaltevermögen und Tapferkeit geht einher mit skrupelloser Kompromisslosigkeit im politischen Kampf. Virchow erkennt darin gar eine sexuelle Konnotation und spricht von der aspirierten „Steherqualität“ (2006: 393ff., zit. n. ders. 2010: 42) des extrem rechten Mannes.

Mut und Autonomie gelten den Männern ohnehin als ureigene Werte (Kämper 2015: 254; vgl. auch Meuser 2006: 166), die seitens extrem rechter Männer in der Rolle des einsamen Vorkämpfers noch eine Steigerung erfahren bis hin zu einer von den Geboten jedes

Anstands und der Menschlichkeit befreiten radikalen, „unbeschränkten Autonomie des Selbst“ (Werner 2013: 60), wie sie sich in ihr Äußerstes getrieben etwa in der rauschhaften Beteiligung deutscher Soldaten am nationalsozialistischen Vernichtungskrieg dokumentierte (ebd.). Zugleich aber, und der darin sich manifestierenden Suspendierung der eigenen Affektkontrolle augenfällig widersprechend, besteht insbesondere für die Neue Rechte ein „Idealbild der nicht triebabhängigen Männlichkeit“ (Rosenbrock 2012: 131). Diese Ambivalenz zeigt sich auch in extrem rechten Konstruktionen männlicher Sexualität, die einerseits als Statusbekundung und Machtmittel zu einem Wert an sich erhöht wird, deren triebhafte Anteile andererseits aber ebenfalls möglichst einzudämmen sind (Müller 2010: 78).

Das Ideal extrem rechter Männlichkeitskonzeptionen – der soldatische Mann – ist also maßgebend von Wertvorstellungen geprägt, die den Mann als einen harten und hartnäckigen, tatkräftigen sowie nur sich selbst genügenden Kämpfer zeichnen. Kühne betont dabei den Charakter der Männlichkeit als eine Leistung, die es stets aufs Neue zu erringen gilt. „Ohne das gelegentliche Durchwaten von Zuständen der Unmännlichkeit“ (2006: 157), in denen das Genügen am soldatischen Ideal wieder und wieder auf die Probe gestellt ist, sei Männlichkeit für extrem rechte Männer nicht denkbar.[22] Zugleich beschreibt das Ideal weniger eine reale Praxis, sondern in erster Linie eine „Orientierungsfolie“ (Meuser 2010: 126): Denn Hegemoniale Männlichkeit meint eine Position im Geschlechterverhältnis, die von Männern unablässig angestrebt, aber selten erreicht wird (Connell 2000: 100).

---

22 Dies gilt in weniger harscher Form für die Konstruktion von Männlichkeit im Allgemeinen. Bourdieu spricht von der „Pflicht, seine Männlichkeit zu bestätigen“ (1997: 188), die jeden Mann andauernd umtreibt.

Kameradschaft im Männerbund

Dementsprechend wird das Wertesystem der extremen Rechten begleitet von einem Beziehungssystem, das den Männern Positionen und Aufgaben zuweist und Hierarchiegefüge etabliert sowie die Praxen der Männer untereinander organisiert. Es ist ebenfalls orientiert an soldatischen Männlichkeitsvorstellungen, wie der Begriff der Kameradschaft offenbart, der in der extremen Rechten als allgemeines Deutungsmuster der Vergemeinschaftung in der Szene dient. Kameradschaft meint idealerweise die Hingabe des Eigenen für die kameradschaftlich Verbundenen. Sie geht über den Begriff der Freundschaft hinaus und bleibt zugleich hinter ihm zurück, indem an die Stelle einer innigen persönlichen Beziehung das Opfer für den Anderen rückt. Es ist also zumindest eine trügerische Verbundenheit, die extrem Rechte in der Kameradschaft erfahren, die zum politischen Konzept aufgeblasen dennoch eine gewaltige Strahlkraft besitzt. Speit spricht von der „ideologischen Konstruktion des ‚Mythos Kameradschaft'" (2010: 145), der „Integrationskraft" entfachen und ein „Identifikationsangebot" schaffen soll (ebd.: 150).

Kameradschaft meint wiederum nicht Gleichberechtigung oder gleiche Wertschätzung. Im Gegenteil sind extrem rechte Beziehungswelten streng hierarchisch geordnet wie die Figur des ‚Führers' versinnbildlicht. Das Weltbild extrem Rechter befördert die Einteilung der Gesellschaft in verschiedene Hierarchieebenen, die sich nicht zuletzt auch in einem Wettstreit der Männer in szeneinternen Figurationen niederschlägt:

> „Hinter der Fassade des Kameradschaftskultes eröffneten sich Räume kompetitiver Selbstverwirklichung und Selbststeigerung, etablierte sich eine Kultur des Wettbewerbs und der Leistung, die als handelndes Subjekt nicht das Wir, sondern das Ich ins Zentrum stellte." (Werner 2013: 49)

Gerahmt wird die Kultur des Wettbewerbs durch den Männerbund. Er ist *die* Vergemeinschaftungsideologie der extremen Rechten, von Freien Kameradschaften, über neurechte Netzwerke bis hin zu elitär dünkelnden Burschenschaften. Die den Männerbund auszeichnende Homosozialität und Kompetitivität bilden mit Heilmann nicht nur eine „übergreifende Klammer“ verschiedener Ausprägungen der extremen Rechten, sondern wirken als „generative Prinzipien sozialer Männlichkeitspraxis“ (2010: 54). Die maßgebliche Konstruktion und Aneignung von Männlichkeit in geschlechtshomogenen Gruppen ist in der Tat eine der grundlegenden Annahmen der kritischen Männlichkeitsforschung (vgl. etwa Bourdieu 1997: 203). Homosozialität meint dabei, dass „die Geschlechtsgenossen diejenigen signifikanten und generalisierten Anderen sind, deren Werte, Einstellungen, Präferenzen usw. ausschlaggebend sind für die Entwicklung sozialer Orientierungen. Wichtig ist mithin nicht das physische Beisammensein, sondern die Gemeinsamkeit der symbolischen Sinnwelt“ (Meuser 2010: 301). Dass sich in den extrem rechten Männerzirkeln auch Frauen aufhalten, konterkariert deshalb nur bedingt ihre Vergemeinschaftungsform. In jedem Fall leisten die Gruppen ihren Beitrag zur Stiftung einer nach männerbündischen Prinzipien von Hierarchie, Wettbewerb und Leistung strukturierten Männlichkeit.

Gewalt als Vergemeinschaftungsideologie und moralisches Gut

Die Gewalt ist ein integraler Bestandteil des Männerbunds beziehungsweise männlicher Hierarchie- und Abgrenzungskämpfe. Für extrem rechte Männer gilt dies nochmals mehr: Männliche Identität in der extremen Rechten fußt in der Regel nicht zuletzt auf mannigfaltigen Gewalterfahrungen, sowohl in der Täter- als auch in der Opferposition, auf gewaltvollen Beziehungen untereinander sowie einer stark durch Bilder der Gewalt geprägten Symbolik der Szene. Speit stellt eine mehrfach gelagerte Normalität von Gewalt heraus und verwendet den Begriff des „Doppelcharakters“ (Speit 2010: 163; vgl. Kohlstruck 2002: 80), um die Gleichzeitigkeit der Gewalt in der extremen Rechten als Demonstration einer aggressiven Selbstdarstellung einerseits sowie als Ausdruck einer gewaltvollen politischen Ideologie andererseits zu fassen. Szenekonformer und politischer Ausdruck sowie Inhalte und Organisationsform vermengen sich folglich in extrem rechten Kreisen zu einer weitreichenden Gewaltaffinität. Hinzu kommt eine szene-interne Normalität von Gewalt, die insbesondere von Männern ausgelebt wird. Auch Möller weist der „Attraktivität von Gewalt eine Schlüsselrolle“ (2010: 29) für das Engagement von Männern in der extremen Rechten zu. Es sei auffällig, dass die ohnehin bestehende quantitative und qualitative Vormachtstellung von Männern in der Szene vor allem dort noch getoppt werde, wo sich regelmäßig Möglichkeiten zur konkreten Gewaltanwendung ergeben.

Das gemeinsame Ausüben von Gewalt schweißt die Gruppen der extremen Rechten zusammen. Der Gewalt kommt in dieser Weise ein vergemeinschaftender Charakter zu. Sie ist damit als männlichkeitskonstituierendes Mittel zu begreifen: Mit der Anwendung von Gewalt in der Männergruppe bestätigen die extrem rechten Männer einander, den männlichen Anforderungen gewachsen zu sein. Connell bezeichnet die Gewalt entsprechend als „a means of *making* masculinity“ (2013: 40). In Teilen begründet dies die besondere Anziehungskraft der Gewalt unter extrem rechten Männern, insofern diese als eine Ermöglichungsbedingung von Männlichkeit erscheint. Werner schreibt, dass die Zielsetzung soldatische Männlichkeit für die Männer des nationalsozialistischen Krieges zu einer „Triebfeder der Gewalt“ (2013: 58) wurde und besonders grauenvolle – und gewaltvolle – Taten legitimierte – bis hin zu einer regelrecht libidinösen Gewaltlust (Reichardt 2002: 664). Das männliche Ideal erlangt an dieser Stelle eine furchtbare, allzu praktische Wirksamkeit.

Die besondere Gewaltprävalenz in der extremen Rechten legt ein geschlechtlich geprägtes, von gesellschaftlichen Normvorstellungen abweichendes Moralverständnis offen, in dem Männlichkeit selbst sowie männliche Werte zum höchsten moralischen Gut transformieren und traditionelle ethische Prinzipien entwertet werden. Infolge dieser Umwidmung gelten beispielsweise Mitgefühl und Anteilnahme als Schwäche, während die Unterdrückung emotionaler Regungen als moralische Stärke firmiert. Anerkennung und Bewertung in männlichen Gruppen erfolgen hernach nicht entlang der Kategorien gut oder schlecht, sondern männlich oder unmännlich (Lehnert 2010: 98) respektive gilt als gut, was als männlich gilt, und vice versa. Für extrem rechte Männer bildet sich damit ein moralisches System von Verhaltensnormen und Einstellungen heraus, dass das eigene Handeln einzig gegenüber einem Sammelsurium männlicher Werte verantwortlich macht, nicht mehr aber gesellschaftlichen Zusammenhalt, Solidarität oder gar Empathie abseits der eigenen ideologischen Bezugsgruppe als eine (moralische) Option denk- und realisierbar macht.[23]

Männer als Bedrohung und Beschützer

Die Etablierung einer eigenen Moral geht in der extremen Rechten auch hinsichtlich der Konstruktion von Männlichkeiten einher mit in verschiedener Weise ausgestalteten Grenzziehungen und einer radikalen Abgrenzung des Eigenen gegenüber einem deklarierten Außen. Grundlage dessen bildet (mindestens historisch) die Konzeption der Volksgemeinschaft als soziale Einheit, die eine nach innen gerichtete Homogenisierung erfährt und nach außen von jeglichen externen Einflüssen reinzuhalten ist. Die Argumentation wird dabei häufig bevölkerungspolitisch und rassistisch geführt und die Konstruktion der Feindbilder geschieht vergeschlechtlicht:

---

[23] Was die geschlechtliche Konnotation des Moralischen angeht, stellt Kämper beispielhaft für die Neue Rechte zudem die Existenz zweier, voneinander entschieden getrennter Moralbegriffe fest (2005: 154). Entsprechend geschlechtlicher Rollenbilder stehen sich demnach eine männliche Staatsmoral und eine weibliche Familienmoral gegenüber. Erstere zeichne sich durch einen kriegerisch-wehrhaften Moralkodex aus, letztere durch einen schützend-sorgenden moralischen Auftrag. Jeweils wirken die Moralerwartungen auch auf die Geschlechterbilder zurück und festigen die Einteilung polarer Aufgaben- und Wirkungsbereiche.

Migrantische Männer gelten als Quelle von Überfremdung und Sittenverfall. Aufgabe der extrem rechten Männer wird es damit gegen diesen Prozess vorzugehen, der Mann wird als Verteidiger des Eigenen konzipiert. Die migrantischen Männer können in dieser Konstellation in Anlehnung an Connell als Repräsentanten marginalisierter Männlichkeit gelten (Virchow 2010: 49).

Der Rassismus der extrem rechten Männer weist dabei durchaus mehrere Seiten auf. Zum einen dient die Abwertung der Anderen als „Hebebühne eigener Männlichkeit“ (Werner 2013: 59): Der dem Rassismus immanente Überlegenheitsanspruch begünstigt ein Erleben vermeintlicher Macht und Dominanz. Zum anderen werden die ‚fremden Männer‘ auch mit einer Mischung aus Furcht und Bewunderung bedacht. Ihnen wird ein hohes Maß an Aggressivität und Raumnahmequalitäten zugesprochen, das den Männern moderner Gesellschaften wiederum abhandengekommen sei (Czymmek 2018: 182f.). Sie scheinen dem eigenen Idealbild von Männlichkeit womöglich näher zu kommen als ein Gutteil der Männer im eigenen Umfeld und wirken deshalb als Bedrohung. Umso größer ist die Notwendigkeit, diese Männer von der eigenen Lebenswelt konsequent fernzuhalten. Durch eine Biologisierung von Nation und Volk erscheinen diese zudem als unmittelbar mit der eigenen Person verbundene organische Gebilde. Die Bedrohung durch ‚fremde Männer‘ wird so zu einem Angriff auf die ureigene Männlichkeit, der in noch dramatischerer Weise zur organisierten Verteidigung, zu einer starken Abgrenzung und zu interner Gruppenkohäsion aufruft.

Parallel zu dieser unbedingt gebotenen Abgrenzung nach außen steht die Übernahme einer ausgeprägten, geradezu emotional überladenen Verantwortung nach innen. Für extrem rechte Männer gilt das Ideal, die Sorge um und das Pflichtgefühl gegenüber der eigenen Bezugsgruppe zum Ausgangs- und Mittelpunkt des politischen und alltäglichen Handelns zu machen. Dieses Ideal ist dabei wiederum entscheidend mit Geschlecht verknüpft. Während Frauen vor allem die Verantwortung zukommt, Kinder zu gebären und zu umsorgen, ist es an den Männern sowohl Unterhalt und

Auskommen der Familien zu sichern, als auch prosperierende Rahmenbedingungen für die Nachkommen zu schaffen. Aber auch über die unmittelbare familiäre Idylle hinaus obliegt es den Männern, sich dem Wohl und Gedeihen des wie auch immer gearteten größeren Lebenszusammenhangs anzunehmen. Die „Rolle des familiären Ernährers und Beschützers“ (Virchow 2010: 44) sowie der „Dienst an Volk und Nation“ (ebd.: 42) fallen im Verantwortungs-Ideal zusammen und werden ergänzt durch die Erwartungshaltung, eigene Herausforderungen souverän zu bewältigen. Dabei dient das Ideal nicht bloß als einfache Aufforderung, vielmehr ist es wesentlicher Bestimmungspunkt von Männlichkeit: Es fungiert nicht nur als ein Ausweis unter vielen, eher gilt die Verantwortungsübernahme als essentiell notwendig für den Status anerkannter Männlichkeit, der im Falle des Misserfolgs hingegen zumindest symbolisch verwehrt werden kann.

Natürliche Tatsachen

Im Gesamten ist das extrem rechte Verständnis der Geschlechterordnung zutiefst biologistisch. Nicht nur die bloße Existenz von Geschlecht, sondern auch die den Geschlechtern zugesprochenen Rollenvorstellungen, männliche und weibliche Eigenschaften sowie die allgemeine Annahme von Zweigeschlechtlichkeit gelten als unumstößliche, natürliche Gegebenheiten. Die meist eher geringe Thematisierung von Geschlecht in der extremen Rechten ist eine Konsequenz dieser Sichtweise: Die Politisierung und Diskursivierung der Geschlechter-ordnung würde deren Status als unhinterfragbare Selbstverständ-lichkeit in Frage stellen.[24]

---

[24] Bemerkenswerterweise scheint dieser Grundsatz in Teilen der extremen Rechten gegenwärtig aufgeweicht zu werden. Kampagnen der jüngeren Vergangenheit gegen Gender Mainstreaming, ‚Frühsexualisierung‘ oder die ‚Ehe für alle‘ belegen, dass das Themenfeld Geschlechterpolitik

Insgesamt propagiert die extreme Rechte ein konservativ-rückschrittliches Geschlechterbild. Sie stellt sich gegen Verschiebungen und Verwischungen in den Konstruktionen von Männlich- und Weiblichkeit wie gegen den Konstruktionsgedanken überhaupt. Geschlecht sei nicht sozial gemacht, sondern eine natürliche Wesenseigenheit der Menschen. Insofern die extreme Rechte sich damit gegen gesellschaftlich zunehmend anerkannte Auffassungen stellt, steht sie für eine „Renaturalisierung der Geschlechter(ordnung)“ (Lehnert 2010: 91). Männlichkeit und Weiblichkeit gelten der extremen Rechten als überhistorische Tatsachen, die zwangsläufig eine spezifische geschlechtliche Praxis nach sich ziehen. Für extrem rechte Männer bedeutet dies, dass die ihnen zukommenden Möglichkeiten, ihre Geschlechtlichkeit zu interpretieren und auszuleben, äußerst begrenzt sind. Die vermeintlich natürliche Geschlechterordnung wirkt als eine Norm, an der sich die Männer zu messen haben. Sollten sie nicht genügen, ist dies nicht lediglich ein Verstoß gegen etwaige Verhaltensregeln, sondern stellt die gesamte Weltanschauung in Frage.

Zur Natur der Geschlechter gehört im extrem rechten Denken eine eindeutig dichotome Aufteilung. Demnach existieren ausschließlich zwei Geschlechter, die sich zudem diametral entgegenstehen. In den Bildern von Männern und Frauen drückt sich diese Polarität aus: Das Gegenbild des (männlichen) politischen Soldaten ist die Frau als passiviertes und schutzbedürftiges Naturwesen. Jeweils entsprechen diese Figuren kaum der (extrem rechten) Realität, aber auch als schimärische Wunschbilder tragen sie zur Wirkmächtigkeit des zweigeschlechtlichen Ideals bei. Damit einher geht zudem die Zuschreibung geschlechtsspezifischer Charaktereigenschaften und die Konstruktion voneinander abgegrenzter, fundamental verschiedener Lebensbereiche. Die Basis dieses derart gestalteten Geschlechterverhältnisses ist wiederum natürlich begründet und liegt in der „Wahrnehmung *weiblicher* und

---

zunehmend offensiv von rechts besetzt wird, wenn auch stets gepaart mit einer Haltung der Ablehnung und Gegnerschaft.

männlicher Funktionen bei der Fortpflanzung" (Lehnert 2010: 95, Herv. i. O.).

Neben der völkisch begründeten Einteilung von Menschen wird so auch Geschlecht zur zentralen Ordnungskategorie des extrem rechten Weltbilds. Es dient als „sozialer Platzanweiser" (Lang 2015: 169) und wirkt in diesem Sinne identitätsstiftend für Männer wie für Frauen, denen mit ihrer Geschlechtlichkeit zugleich eine gesellschaftliche Rollenbestimmung zukommt – die allerdings keinerlei Platz für Abweichung von der zweigeschlechtlichen Norm zulässt. Werner liefert darüber hinaus einen Hinweis, der die radikal zweigeschlechtliche Trennung in der extremen Rechten in Verbindung mit der gesellschaftlichen Hegemonie des Männlichen erklärt und somit die Bedeutung der Trennung für die Konstruktion von Männlichkeit betont. Demnach sei im Nationalsozialismus das kämpferische Ideal vielfach zum allgemeinen Ideal erhoben worden, das so nur noch bedingt als spezifisch vergeschlechtlicht wahrgenommen wurde. Dies habe Geschlechterdifferenzen allerdings keinesfalls nivelliert: „Gerade die Vergesellschaftung des Männlichen verlangte umso deutlicher nach Explizierung des Weiblichen als des kategorial Anderen" (2013: 47). Die männliche Dominanzstellung in der extremen Rechten, lässt sich folgern, bewirkt also nicht eine „Entdramatisierung" (Faulstich-Wieland 2000) von Geschlecht, sondern vielmehr eine Verschärfung der Konstruktion eines wesensmäßigen Unterschieds zwischen Männern und Frauen.

In der Praxis ergibt sich daraus ein zutiefst patriarchales Verständnis von Ehe und Familie: die Annahme einer natürlichen Autorität des Mannes, die obligatorische Unterordnung der Frauen sowie eine Trennung der Sphären von Männern und Frauen, wobei öffentliches, rationales, politisches Wirken auf der einen und private, emotionale und reproduktive Tätigkeit auf der anderen Seite stehen. Im Bild der ‚soldatischen Männlichkeit' bildet sich diese Konzeption radikal ab, das als Gegenbild die Konstruktion der Hausfrau und Mutter hat. Beide Geschlechter erfüllen einen Dienst an der Gemeinschaft, ihre Aufgabenbereiche sind aber völlig entgegengesetzt.

Die patriarchale Familie bildet das Fundament der Gesellschaft in extrem rechten Weltbildern. Sie gilt als „Keimzelle“ (Herausgeber_innenkollektiv 2013: 82) der Gesellschaft. Kemper analysiert unter dieser Überschrift die Kampagnen rechter Parteien und Netzwerke im Verbund mit klerikalen und familienfundamentalistischen Gruppen gegen Liberalisierungen in der Geschlechter-, Familien- und Sexualpolitik der letzten Jahre (2014a; 2014b). Ehe und Familie in patriarchaler Ausgestaltung werden deshalb in der extremen Rechten nicht als „Gegenstand politischer Optionen“ (Kämper 2005: 121) verhandelt, sondern gelten vielmehr als zeitlose Universalien, die zu verändern oder gar abzuwickeln nicht in Betracht kommen darf. Den Widerstand gegen Restrukturierungen familialer Organisation begreifen extrem Rechte deshalb als Teil ihres politischen Auftrags – und insbesondere Männer gehen in der Rolle des Beschützers des Konzepts Familie auch hinsichtlich ihrer geschlechtlichen Identität besonders auf.

Offensichtlich werden die patriarchale Ehe und Familie in modernen Gesellschaften zunehmend überholt. Die Anzahl an Patch-Work-, Regenbogen- und anderen Familienkonstellationen sowie an gleichgeschlechtlichen Partnerschaften und Ehen nimmt stetig zu und avanciert zum Realität gewordenen Alptraum rechter ApologetInnen traditioneller Familienideale. Auch innerhalb der extremen Rechten werden längst moderne Beziehungs- und Familienformate erprobt und gelebt. Insbesondere rezente neurechte Strömungen haben deshalb die „(Wieder-)Herstellung der patriarchalen Familie“ (Czymmek 2018: 184) zum politischen Ziel erklärt. Als politische Lösung der im Neoliberalismus zur Alltäglichkeit gewordenen Doppelbelastung von Frauen durch Erwerbs- und Reproduktionsarbeit können sie dies mitunter gar als frauenfördernde Maßnahme verkaufen. Davon profitieren letztlich aber vor allem Männer, deren soziale Vormachtstellung bereits im vermeintlich vorpolitischen, familiären Raum abgesichert wird:

> „Das Zurück zu einer zwar imaginären, gleichwohl patriarchalisch ausgestatteten Ehe verstellt die Möglichkeit, Ehe und Familie als demokratische Institutionen so zu formen und auszustatten, dass ihre Mitglieder sowohl als Individuen wie auch in ihrer wechselseitigen Verantwortung geschützt werden [...] zugunsten eines mit Posen der Männlichkeit inszenierten Bildes, das Gemeinschaft nur unter patriarchalischen Vorzeichen kennt." (Kämper 2005: 129)

Gegen Frauen, Verweiblichung und Unmännlichkeit

Deutlich geworden ist, dass Männlichkeit zu einem wesentlichen Teil nur in relativer Abhängigkeit zu Weiblichkeit realisierbar ist. Zur Untersuchung von Männlichkeitsbildern muss deshalb „gezeigt werden, wie jede Konstruktion von Männlichkeit eine Konstruktion von Weiblichkeit zumindest implizit beinhaltet" (Meuser 2010: 276). Festzustellen ist für die extreme Rechte eine Gleichzeitigkeit von Abwertung und Idealisierung von Frauen. Die Idealisierung findet allerdings vor allem in der Funktion der Frauen als Mütter statt. Als solche tragen sie schließlich für den Fortbestand der eigenen Gemeinschaft ebenso die Verantwortung wie für konkrete Sorgearbeiten in der Gesellschaft. Damit existiert in der extremen Rechten eine „spezifische weibliche Rolle der Bewahrerin" (Lehnert 2010: 95) und der „Hüterin der Rasse" (ebd.), in der Frauen Anerkennung erfahren und Weiblichkeit auch für Männer als bedeutsam gilt. Frauen werden deshalb zu einem schützenswerten Gut, das die Männer erhalten und verteidigen müssen. Der Schutz der eigenen Frauen dient ihnen als Legitimation, andere Männer zu bekämpfen. Die Beschützerrolle trägt so zur Konstruktion von Männlichkeit bei.

Auf der anderen Seite stellt diese vermeintliche Idealisierung, die Frauen lediglich als Mütter anerkennt, eine Abwertung dar. Die Eingrenzung der Frau auf Reproduktionstätigkeiten steht so als Ausdruck antifeministischer Einstellungen. Frauen werden in der extremen Rechten als weniger wert betrachtet und objektiviert –

auch im sexuellen Sinne. Dies ist nicht alleine ein Merkmal dieses politischen Milieus, vielmehr zeichnet sich Männlichkeit generell auch durch einen Anteil an Abwertung, Objektivierung und Sexualisierung von Frauen aus: „Die männliche Herrschaft konstituiert die Frauen als symbolische Objekte, deren Sein [...] ein Wahrgenommenwerden [...] ist. [...] Sie existieren zuallererst für und durch die Blicke der anderen, d.h. als liebenswürdige, attraktive, verfügbare *Objekte*" (Bourdieu 2005: 117, Herv. i. O.).

In der extremen Rechten aber wird dieses Verhältnis verschärft sowie politisch aufgeladen und instrumentalisiert. Der Kampf um die Frauen gerät zu einer Art Kulturkampf: „Frauen werden als Objekte und Besitztum (‚Trophäen') des (weißen) Mannes imaginiert, welche es gegen ‚die Fremden' zu verteidigen gelte" (Czymmek 2018: 183). Durch die imaginierte Bedrohung von außen werden der Objekt-Status der Frauen und deren vermeintliche Abhängigkeit vom Schutz der Männer festgeschrieben. Dabei wird zudem um Männlichkeit gerungen, die durch den externen Zugriff auf die eigenen Frauen als bedroht erscheint und verteidigt werden muss. Zugleich findet eine „Ethnisierung von Sexismus" (ebd.) statt, die die ‚fremden Männer' als Aggressoren und Bedrohung für Frauen ausmacht, ohne aber den eigenen Anspruch der Verfügungsgewalt über Frauen zu reflektieren.

Männlichkeit konstituiert sich zudem nicht nur in den Beziehungen konkreter Männer und Frauen, sondern auch auf einer eher symbolischen Ebene in der Abgrenzung gegenüber und Abwehr von Weiblichkeit. Schwäche, Vulnerabilität, mangelnde Durchsetzungskraft und Unterordnung sind „Befürchtungen und Ängste" (Bourdieu 2005: 93), die mit Weiblichkeit assoziiert werden. Insbesondere extrem rechte Männer, für die das Ideal harter, soldatischer Männlichkeit in besonderer Weise wirksam ist, sehen sich deshalb dazu veranlasst, jeden Verdacht der Androgynie entschieden von sich zu weisen und zu widerlegen (Lehnert 2010: 91). Mögliche Folgen sind mithin die wenig nachgiebige Bekämpfung von Weiblichkeit und entsprechende Einstellungen gegenüber realen Frauen.

Das Gegenbild dieses extrem rechten Mannes, der das Härte-Ideal völlig integriert und jedes Anzeichen des Weiblichen ausgeräumt hat, ist der unmännliche Mann. Unmännlichkeit meint Schwäche und Weiblichkeit, häufig auch Homosexualität. Es ist extrem rechten Männern nicht gestattet, unmännlich zu sein. Der unmännliche Mann ist der Antitypus des soldatischen Mannes. Während letzterer die männlichen Werte bis zur Perfektion in sich vereint, verkörpert ersterer das Versagen an der Herausforderung, Mann zu sein. Der kriegerische Wettkampf, der ultimative Erfüllungsort extrem rechter Männlichkeit, ist ihm fremd. Von den anderen Männern und der nach männlichen Prinzipien strukturierten Gesellschaft wird er deshalb abgelehnt. Kühne schreibt für die Zeit des Nationalsozialismus über diese Männer:

> „Wer dazu [zu den kriegerischen Tätigkeiten] nicht bereit war, galt nicht als Mann, sondern als ‚Hampelmann'. Er war ‚weibisch', ohne doch eine Frau zu sein […]. Ihm drohte der Tod – der soziale, der physische, auch der symbolische: Die Volksgemeinschaft würde ihm jedes Andenken verweigern." (Kühne 2006: 143f.)

Das Geschlechtsideal wirkt insofern als „Sanktion" (Werner 2013: 52). Denn nicht nur, dass es den mit sozialer Stellung und Anerkennung belohnt, der sich ‚männlich' verhält, es begründet zugleich die Ächtung und Abschätzung derjenigen Männer, denen ein ‚unmännliches' Verhalten zugeschrieben wird. Werner argumentiert, dass die „soziale Fallhöhe von Männlichkeit" (ebd.: 61) in diesem Sinne für den Nationalsozialismus prägend gewesen sei: „Soldatische Männlichkeit […] bedeutete vor allem, viel zu verlieren zu haben" (ebd.). Das Bild lässt sich auf alle (extrem rechten) Zusammenhänge übertragen, in denen Männlichkeit regelrecht zum alternativlosen sozialen Vorbild übersteigert ist.

Die Unmännlichkeit fungiert in erster Linie als Negativfolie zum Männlichen. Das Oxymoron der ‚unmännlichen Männer' verweist darauf, dass es um Verhaltensweisen und Einstellungen, nicht aber um Körperlichkeit geht. Zudem zielt der Begriff der Unmännlichkeit – analog zu dem der Verweiblichung – in seiner Verwendung durch die extreme Rechte auch auf gesellschaftliche Tendenzen, etwa die als „Ausdruck von ‚Verweichlichung' begriffene (relative) Ausdifferenzierung der Lebensentwürfe von Männern und Frauen" (Virchow 2010: 49) in modernen Gesellschaften.

Homohass und Homoerotik

Eine gesonderte Stellung nehmen Männer ein, die sich aus freien Stücken dazu entscheiden, unmännlich zu sein, soll heißen, den männlichen Wertekanon nicht als den ihrigen zu begreifen. (Pro-)Feministische Männer gelten deshalb in der extremen Rechten als weniger männlich. Selbiges gilt für homosexuelle Männer: Ihnen werden männliche Eigenschaften abgesprochen und ihr sexuelles Begehren mit Weiblichkeit verknüpft. Sie geraten so zum Gegenstück des männlichen Mannes, zum Ausdruck der Unmännlichkeit schlechterdings.

Dementsprechend herrscht in der extremen Rechten eine starke Abneigung und Feindschaft gegenüber Homosexualität, die an homophobe Stimmungen in der Mehrheitsgesellschaft anschließt, diese häufig aber noch deutlich übersteigert. Auffallend ist, dass in der homophoben Propaganda der extremen Rechten überwiegend schwule Männer thematisiert werden und lesbische Frauen nur selten. Die besonders strikte Ablehnung gegenüber schwulen Männern erklärt sich aus den spezifischen Konnotationen, die diesen zugeschrieben werden. Zudem wird das sexuelle Interesse am Mann mit einer Position der Weiblichkeit in eins gesetzt, sodass schwule Männer per se als verweiblicht und unmännlich gelten.

Hinsichtlich der politischen Betätigungsfelder der extremen Rechten steht Homosexualität darüber hinaus dem Idealbild der patriarchalen Familie aus Vater, Mutter und Kindern, denen jeweils Aufgabenbereiche und hierarchisierte Positionen zugeordnet werden, entgegen. So werden schwule Männer als Gefahr für die Durchsetzung der eigenen politischen Ideologie und der natürlichen Ordnung der Gesellschaft gesetzt. Die Dimension dessen reicht über ein rein sexuelles Begehren weit hinaus: Homosexualität wird „in die Nähe von Dekadenz, Familienfeindlichkeit und Künstlichkeit gerückt“ (Claus/Müller 2010: 114) und erscheint als Gegenpol einer bewusst familien- und wertkonservativen Rechten „im Rahmen eines größer erscheinenden Kulturkampfes zwischen Tradition und Moderne“ (ebd.).

Homosexualität wird deshalb von extrem Rechten als anormal, widernatürlich und abstoßend diffamiert. Homosexuelle erfahren Diskriminierungen von Beleidigungen und Ausgrenzungen über offene Gewalt bis hin zu Tötungsdelikten (vgl. Bernhardt 2017: 31ff.). Selbst solche Gewalttaten extrem Rechter, die sich nicht explizit gegen Homosexuelle richten, sind oft „homophob untermalt“ (Claus/Müller 2010: 113). Das homophobe Ressentiment und die Gewalt richten sich zudem auch in die eigene Szene. Der Verdacht der Homosexualität wird als Mittel genutzt, um politische Widersacher zu diskreditieren und Hierarchiekämpfe auszutragen. Schwule, extrem rechte Männer müssen mit ihrer Sexualität oft hinter dem Berg halten oder geraten in Bedrohung von Leib und Leben. Im April 2018 wird der 27jährige Christopher W. in Aue (Sachsen) von drei extrem rechten Freunden zu Tode gefoltert. Ein Motiv: der Hass auf schwule Männer (Ayyadi 2019). Eines der bekanntesten historischen Beispiele ist der Fall des homosexuellen SA-Führers Ernst Röhm, der 1934 von seinen Parteikameraden auf Geheiß der NS-Führung um Adolf Hitler ermordet wurde. Als Legitimation für ihre Tat diente den Mördern nicht zuletzt die sexuelle Orientierung Röhms.

Offenkundig wird darin eine „Amalgierung von Sexualität und Politik“ (Zur Nieden 2012: 27), die zum einen als zersetzende Bedrohung interpretiert werden kann, sodass der Homosexuelle im Nationalsozialismus nicht nur zum Volks-, sondern auch zum Staatsfeind stilisiert wurde. Zum anderen identifizieren manche rechten Männerbundtheoretiker in der mann-männlichen Vereinigung aber auch ein (politisches) Potential, das

Homosexualität und rechte Ideologie miteinander vereint und dieser Verbindung eine besondere Bedeutsamkeit zuschreibt (ebd.: 26f.).[25]

Neben der weitreichenden Ablehnung und Bekämpfung von Homosexualität in der extremen Rechten, gibt es so tatsächlich auch eine Dimension der Anerkennung und Wertschätzung. Homosexualität und die Anhängerschaft der extrem rechten Ideologie schließen sich nicht grundsätzlich aus. Was auf den ersten Blick paradox wirken mag, wird durch die Integration spezifischer und besonders zugespitzter Ansprüche an das Ausleben der eigenen sexuellen Identität – und die Inszenierung von Geschlechtlichkeit – gelöst. Homosexuelle Rechte müssen kontinuierlich dem extrem rechten Vorurteil, dass Homosexualität und Unmännlichkeit stets miteinander einhergehen, entschieden entgegenarbeiten.[26]

---

[25] Dafür stehen einige Versuche, sich der Verbindung von Homosexualität, Männlichkeit und rechter Weltanschauung auch theoretisch anzunähern. Der völkische Jugendbewegte Hans Blüher etwa konzipiert den Männerbund zugleich als Kern mann-männlicher Vergemeinschaftung wie als homoerotische Zusammenkunft, deren Bedeutsamkeit „staatsbildend“ (Brunotte 2004: 74) sei. Michael Kühnen, schwuler und prominenter Neonazi, beschäftigte sich gar in einer Veröffentlichung ‚Nationalsozialismus und Homosexualität‘ (1986; vgl. Claus/Müller 2010: 117ff.; Kunow 2013) mit eben diesem Verhältnis. Sexuelles Begehren gilt Kühnen als reine Privatsache, solange der Mann sich im politischen Kampf aufreibt. Ihm ist vor allem daran gelegen, „Homosexualität vom Makel der Unmännlichkeit zu befreien“ (Claus/Müller 2010: 121). Damit gleicht er durchaus SA-Führer Ernst Röhm, dessen „Homosexualitätskonzeption ganz und gar auf den militärisch-soldatischen Mann ausgerichtet“ (Reichardt 2002: 682) und durch die „Abwesenheit weiblicher Prinzipien“ (ebd.: 683) gekennzeichnet war. Reichardt argumentiert dennoch dagegen, „die praktizierte Homosexualität als einen spezifischen Aspekt nationalsozialistischer Männerbündlerei zu bewerten“ (2002: 679). Er verweist eher auf ein für homosexuelle Männer attraktives Moment, das körperlich orientierte Männerbünde *generell* auszeichne. Zu Blüher und Kühnen siehe auch Kapitel 4.5.

[26] Hinzu kommt, dass insbesondere rechtspopulistische Parteien sich homofreundliche Politiken zunehmend situativ zu eigen machen und rassistische Vorurteile über ein rückständiges Toleranzverständnis ‚fremder‘ Kulturen bemühen, um das westliche Wertesystem als überlegen

Angriffe auf Männlichkeit

Insgesamt wird die zunehmende Diversifizierung und Pluralisierung der Gesellschaft von extrem Rechten allerdings vehement abgelehnt und ist Gegenstand einer pauschalen Kritik der Moderne. Diese begreift Männlichkeit als sich in der Krise befindend und erhebt diesen Umstand zum Anzeichen eines grundlegenden gesellschaftlichen Verfalls. Ausgehend von einer zunehmend geringer werdenden Bedeutsamkeit etablierter Geschlechterhierarchien und -verhältnisse sei sowohl die Machtposition von Männern in der Gesellschaft gefährdet als auch ihr heteronormativer und zweigeschlechtlicher Rahmen. Mittels der widerständigen Auflehnung gegen diesen Trend wird es den extrem rechten Männern möglich, in dieser Bewegung hegemonial männliche Werte zu reproduzieren. „Dekadenz und Überfluss" (Müller 2010: 84) in den Konsumgesellschaften der Gegenwart würden aus Männern genügsame, pflicht-, disziplin- und verantwortungslose sowie beziehungs- und identitätslose Individuen machen, welche sich ihrer Bequemlichkeit ergeben und den Wettstreit unter Männern aufgegeben haben. Die extreme Rechte formuliert eine „Kulturkritik der Moderne, die an der Liberalisierung geschlechtlicher und sexueller Lebensweisen festgemacht wird" (Lang 2015: 172), welcher sich extrem rechte Männer widerständig entgegenstellen. Die Bewahrung eines traditionellen Männlichkeitsideals erhält hiermit einen weitergehenden politischen Auftrag und Zweck, die Männer werden zu „Krieger[n] gegen die verweichlichte Moderne" (Behrens et al. 2020: 3).

In der antimodernen Ideologie der extremen Rechten spiegelt sich nicht zuletzt ihr Antifeminismus. Geschlechterpolitische Veränderungen werden in aller Regel vehement abgelehnt. Gleichstellungs- und Frauenförderungsmaßnahmen gelten als Benachteiligungen von Männern, Gender Studies und Gender

---

zu zeichnen und ihre Politik der Abschottung und Ausgrenzung argumentativ zu fundieren (Müller 2013; Wielowiejski 2018).

Mainstreaming als ,Umerziehungsprogramme' der Eliten. Die extreme Rechte macht unter dem Schlagwort ,Lebensschutz' Politik gegen Abtreibungen (vgl. Sanders/Jentsch/Hansen 2014) und beklagt eine demographische Krise als Folge flexibilisierter Beziehungsmodelle (Müller 2010: 79). Liberalisierungen geschlechtlicher und sexueller Normen werden stets als Ausdruck eines gesellschaftlichen Sittenverfalls und Angriff auf die traditionale Ordnung begriffen. In ihrer politischen Arbeit bestehen deshalb nicht von ungefähr einige Überschneidungen und Bündnisse mit antifeministischen Männerrechtsgruppen (Kemper 2011). Wie eben diese bedient die extreme Rechte den Diskurs von der ,Krise der Männlichkeit' in der modernen Gesellschaft, die maßgeblich durch Veränderungen des Geschlechterverhältnisses induziert sei, darüber hinaus aber als Ausdruck eines sozialen und politischen Niedergangs gilt, der wiederum Einfluss auf die Ausgestaltung dieses Geschlechterverhältnisses nimmt. Die Restauration von Männlichkeit im Sinne eines soldatischen Werteideals wird somit notwendig, um sich in einem imaginierten Kampf der Kulturen gegen die vermeintlichen Zumutungen der Moderne zu wehren.

Unmittelbar enthalten im Krisendiskurs über Männlichkeit und die gesellschaftlichen Verhältnisse ist die Konstruktion von Feindbildern und Gegenspielern der Männer, die als Schuldige für den vermeintlichen Verfall traditioneller Ordnungen und Werte ausgemacht werden. Der Feminismus gilt extrem rechten Männern als entschiedener Gegner eigener (geschlechter-)politischer Vorstellungen. Frauen werden die Veränderungen des Geschlechterverhältnisses „zuungunsten der Männer" pauschal angelastet und Feministinnen zu Feinden erklärt. Geläufig ist außerdem die symbolische Verknüpfung von Feminismus und (anderen) linken politischen Theorien und deren Ablehnung als gleichmacherische Ideologien. Das Verhältnis der extremen Rechten zum Feminismus bleibt dabei widersprüchlich: Neben einer solchen Würdigung als konkrete Bedrohung wird er zugleich „als ,weiblich' verharmlost" (Müller 2010: 77).

Mit dem Gegenspieler Feminismus werden weitere Schlagworte verbunden. In neueren rechten Debatten wird etwa ‚Gender Mainstreaming' zum Inbegriff der Bedrohung natürlicher Geschlechterentwürfe stilisiert (Kämper 2015: 259).[27] Zudem gilt ‚Political Correctness' als eine Art Sammelbegriff, der die verschiedenen geschlechterpolitischen Feindbilder der extremen Rechten zusammenführt (Kämper 2005: 163ff.).

Veränderung?

In der extremen Rechten werden Männlichkeitsbilder zusammenfassend meist wenig flexibel verhandelt. Dennoch lassen sich auch für dieses politische Milieu durchaus unterschiedliche Wege der Aneignung männlicher Geschlechtsidentität feststellen. Deren übergeordnete Orientierungsfolie ist zwar jeweils ein soldatisches Männlichkeitsideal, das aber wiederum unterschiedliche Ausdrucksformen findet und keine einheitliche Praxis begründet. Es ist deshalb kritisch zu fragen, inwiefern derartige Idealbilder eine real existierende „Vielgestaltigkeit von Männlichkeiten und individuelle Aneignungsprozesse und Bedeutungszuschreibungen" (Dietrich/Heise 2013: 8) in der extremen Rechten überlagern.

Im Beziehungsmodell Raewyn Connells werden Differenzen von Männlichkeiten dargestellt und erläutert (2000: 87ff.). Männlichkeit wird von Connell als Praxis und Position innerhalb einer zusammenhängenden Struktur verstanden, in der Männer ihre Verhältnisse zueinander beständig aushandeln und neu bestimmen. Durch die wechselseitigen Bezugnahmen entstehen fortwährend Beziehungen der Über- und Unterordnung, die vielfältige männliche Identitäten konturieren und kreieren. Connell selbst schreibt über die

[27] Lang verweist in diesem Zusammenhang auf das bemerkenswerte Zusammenfallen von einer neuen Welle des Antifeminismus in Deutschland in den vergangenen Jahren und der Etablierung der ‚Alternative für Deutschland' (AfD) – nicht zuletzt als eine „Anti-Gender-Partei" (2017: 62, 68).

„multiple maculinities“ (2013: 38) des historischen Nationalsozialismus. Die Beweggründe der Teilhabe, die Erwartungen an und die Wege der Männer in die politische Bewegung seien individuell sehr verschieden gewesen und mit ihnen ihre Repräsentationen von Geschlecht.

Auch gegenwärtig lässt sich eine Vielzahl von Männlichkeitsbildern in der extremen Rechten aufzahlen. Heilmann nennt beispielhaft etwa den Gegensatz von elitären, rechten Verbindungsstudenten auf der einen sowie proletarisch inszenierter Skinhead-Kultur auf der anderen Seite (2010: 54). Ihm zufolge handelt es sich bei der womöglich zunehmenden Flexibilisierung extrem rechter Männlichkeitsentwürfe um einen Ausdruck vergeschlechtlichter Suchbewegungen nach Identität durch Männer, die gegebenenfalls durch als verunsichernd erlebte Veränderungen im Geschlechterarrangement zusätzlich befördert werden (ebd.: 58; vgl. auch Meuser/Scholz 2011: 56ff.). In der Folge werden allzu starre Bilder von Männlichkeit verworfen oder spezifisch bearbeitet und an verschiedene, gesellschaftliche Aushandlungsprozesse von Geschlecht angepasst. Dass damit aber Überschreitungen herkömmlicher Geschlechterkonstruktionen möglich und eine nennenswerte Abkehr von der nach wie vor wirkmächtigen Einfältigkeit soldatischer Männlichkeit möglich werden, kann bisher nicht behauptet werden. Der Fall Jack Donovan bildet dabei, wie im Folgenden zu sehen sein wird, alles andere als eine Ausnahme.

3. Das Männlichkeitsbild Jack Donovans

3.1. Männliche Werte und Praxen – der Kern der Männlichkeit

Das Leben als Kampf und Krieg

Die im vorangegangenen Kapitel herausgestellten übergreifenden Geschlechtervorstellungen der extremen Rechten bilden die Basis für das Männlichkeitsbild Jack Donovans. Mit einigen Differenzen, aber auch zahlreichen Parallelen beschreibt er seine Überzeugungen über das männliche Wesen, seine Verhaltensanforderungen an Männer sowie seine Kritik männlicher Existenzweisen in der Gegenwart.

Das in der extremen Rechten hochgehaltene Ideal soldatischer Männlichkeit findet seine Entsprechung bei Donovan in einem starken Fokus auf Kampf und Krieg sowie Siegen und Überleben: „Der Weg der Männer ist der Weg des jagenden Rudels, und der Mann ist die gefährlichste Beute […] – von Männerbanden, die sich ihren Weg durch weitaus gefährlichere und forderndere Zeitalter gejagt und gekämpft haben" (2017b: 13)[28]. Und: „Der allererste Job der Männer bestand darin, das Revier zu sichern, sich der Gefahr zu stellen, zu jagen und zu kämpfen" (2016b: 114).

Dem „allerersten Job" wohnt hier eine doppelte Bedeutung inne. Erstens wird tatsächlich im Sinne einer Chronologie der Menschheitsgeschichte die Jagd als historisch erstes Betätigungsfeld der Männer gesetzt – das sich anschließend durch die folgenden Zeitalter fortgesetzt habe. Zweitens meint das ‚Allererst' zugleich ein Ultimum auf einer Skala der Wertschätzung:

[28] Sämtliche Literaturverweise dieser Art, sofern nicht eindeutig anders gekennzeichnet, beziehen sich im Folgenden immer auf Donovan.

Die Jagd ist in diesem Sinne auch der bedeutendste Job der Männer. Bemerkenswert ist zudem die beiklingende Konnotation: Donovans anthropologischer Ausflug in vorzeitliche Gefilde schließt durchaus an etablierte Vorstellungen zur Rolle der Menschen als ‚Jäger und Sammler' in der Frühzeit an. Entsprechend geschlechtlicher Normbilder werden für die Männer aber nicht das Sammeln, sondern die Jagd und der Kampf als Betätigungsfelder benannt. Die Jagd wird damit von der vornehmlichen Funktion als Mittel der Nahrungsbeschaffung in die Nähe kämpferischer Auseinandersetzung gerückt – so wird auch der Mann selbst zur „Beute".

Folgerichtig meint Donovan: „Jagen und Kämpfen haben den gleichen allgemeinen Charakter" (2017b: 116). Und dieser Charakter wird ihm zum Prinzip des Männlichen schlechthin: „Männlichkeit bedeutet lebenslange[r] Kampf" (ebd.: 11), und wer sich dem widersetze, verwirke entsprechend „seinen Anspruch auf Männlichkeit" (ebd.: 12). Der Kampf ist für Donovan Herzstück und Sehnsuchtsort des Mann-Seins. Weil die Jagd dem Kampf ähnelt, würden sich Männer in ihr verdingen (2016b: 115) – oder sich weitere „Ersatztätigkeiten" (ebd.) suchen. Kampfsport gilt ihm in diesem Sinne als „manliest" Form des Trainings – „because its end is directly related to the primal role of men – fighting and defending" (2014a: 108). Dabei kann bloßes Training oder der sportliche Wett*kampf* kaum die existentielle Bedeutung erfüllen, die Donovan dem Kampf als Wert beimisst: „Leben ist Kampf – Friede ist Tod" (2017b: 138).

In dieser geradezu nihilistischen Lesart des Wettstreits als Kampf zählt nichts als der Sieg. „Fairneß"[29] wird zum „Luxus" (2016b: 36), der Sieg zur „Fülle des Lebens schlechthin" (ebd.: 85):

> „Noble Beasts, mighty and wild, go forward always with a conquering eye! A raptor's eye, sharp and sweeping, an eye that picks out prey on the most desolate plain. An ascendent

[29] In den deutschsprachigen Übersetzungen (2016b; 2017b; 2020) Donovans wird die alte Rechtschreibung verwendet.

eye, undaunted by loss, always looking for the next chance to win.“ (2018b: 85)

Sogenannte „Noble Beasts“ gelten Donovan – in Anlehnung an die Unterscheidung Nietzsches der menschlichen Moral in ‚Herren‘- (‚Noble‘) und ‚Sklaven‘-Moral (Nietzsche 1980) – als Synonym idealer Männlichkeit. Ihnen unterstellt er, anstelle einer opportunistischen – und ‚sklavenhaften‘ – Anpassung an die Verhältnisse den unbedingten Siegeswillen und den eigenen Vorteil zum Primat des Vorgehens zu machen. Der Weg ist der Kampf und das Ziel ist der Sieg. Wie bei einem Raubvogel, ungezähmt und über der Masse der potentiellen Opfer schwebend, liegt der Fokus stets auf der nächsten Eroberung. Ein Stillhalten ist nicht vorgesehen, sondern die fortwährende Wiederholung des Sieges. Niederlagen oder ein Scheitern erscheinen nicht abwend-, sondern undenkbar: „Winners don‘t focus on losing, even when they lose“ (2018b: 92).

Weshalb der Sieg zur einzigen Option in Donovan Männlichkeitsbild gerät, verdeutlichen seine mit dem Kampf verbundenen Assoziationen. Zum einen konzipiert er die Ur-Form des Kampfes als „Überlebenskampf“ (2016b: 100). Es sei die „insgeheime Hoffnung der Männer [...] eines Tages in eine harte Welt am blutigen Rand zwischen Leben und Tod geschleudert zu werden, wo alles, was man tut, auch wirklich Bedeutung haben wird“ (ebd.: 130). Tatsächlich erscheinen Männer, die ihre wechselseitigen Auseinandersetzungen derart existentiell aufladen, zum Siegen mehr als verdammt. In gleicher Weise gilt dies zum anderen, weil Donovan den Kampf als ein Äquivalent des Krieges betrachtet (ebd.: 117). Entsprechend erwartet Donovan, weil der Kampf eine zentrale Qualität der Männlichkeit darstellt, von den Männern ein zutiefst kriegerisches Ethos: „Wenn es dir mit Krieg ernst ist, dann brennst du Dörfer voller Frauen und Kinder nieder und spießt Köpfe auf Pfähle. [...] Dann heißt es töten oder getötet werden“ (2017b: 96). Der Krieg ist der Kampf und der Kampf ist das Leben – in Donovans Anschauung gibt es deshalb kein Entrinnen vor dem Krieg und der Sieg wird zur lebenserhaltenden Notwendigkeit. Die Grenzen zwischen Symbolik und Metaphorik auf der einen sowie seine Vorstellungen einer konkreten Praxis auf der anderen Seite sind dabei bestenfalls schwammig. Ein Problem stellt diese unablässige Fokussierung auf den Kampf in Donovans Gesellschaftsbild aber nicht dar. Im Gegenteil wird sie als gewichtiger Ausweis von Männlichkeit anerkannt – und ebengleich wird ihr Fehlen zum eigentlichen Problem ernannt: „Ewiger Friede ist der Tod der Männlichkeit" (ebd.: 13).

Mut und Unabhängigkeit als männliche Qualitäten

Diese Ruhelosigkeit zeichnet für Donovan auch eine weitere Qualität des Männlichen aus: den Mut. Männlichkeit bedarf, so meint er, des Risikos: „Manliness requires action and risk – risk with the potential of failure" (2014a: 69). Wer mutig sein möchte, muss das Risiko suchen (ebd.: 86; 2016b: 58). Und wer sich als mutig erweist, darf sich mit Fug und Recht einen Mann nennen (2013: 15), lautet die simple und sich selbst bestätigende Losung seiner Argumentation. Während der Wille, Risiken einzugehen und sich in potentielle Gefahren zu begeben, wie Donovan behauptet, den Männern quasi naturhaft zukommt, lässt sich der Mut als eine Form der Bewältigung dieser Eigenschaft begreifen. Sie wird in ständigen „Bewährungsproben" (2016b: 161) geübt und gelernt.

Eine saliente Ähnlichkeit findet sich zum Konzept des männlichen Risikohandelns. Meuser umschreibt damit ein (insbesondere entwicklungsphasentypisches) Verhalten heranwachsender und junger Männer, die sich wiederholt in riskante Situationen begeben und dabei ihren Körper zum Einsatz machen. Dabei findet, so Meusers These, eine Einübung in den männlichen Geschlechtshabitus und insofern die Aneignung eines Status respektierter Männlichkeit statt. Das Risikohandeln benennt er demzufolge als Strukturübung (2006: 165ff.). Auf das Konzept Donovans übertragen, ließe sich folgern, dass Mut gewissermaßen in einer funktionalen Beziehung zur Männlichkeit steht, weil er als „aktive Überwindung der Furcht" (Donovan 2016b: 47) das männlichkeitsstiftende Risikohandeln fördert. Für Donovan ist der Mut damit „die Seele und das Herz der Männlichkeit“ (ebd.: 58). Das Risiko und die Gefahr seien deshalb keine Hindernisse, denen Männer auszuweichen suchen, vielmehr würden sie einen beinahe lustvollen Reiz darstellen (2014a: 87, 112).

Die Inkaufnahme von Risiko und Gefahr kann so auch als Arbeit an sich selbst verstanden werden, die ein selbstbestimmtes Vorankommen für Männer ermöglicht. Donovan schreibt:

> „He [the Noble Man] is focused on what he is, and what he is becoming – not ‚others‘ or their paths, which serve only as warnings and counterexamples. The Noble Man values according to his own will, in the service of his own interests or [...] his own gang, tribe or group. He is concerned primarily with ‚I‘ and ‚We‘ – not ‚They‘. His orientation is not anti ‚them‘, but rather pro ‚me‘ or ‚us‘.“ (2018b: 60)

Im Mittelpunkt des Mannes steht für Donovan der Mann selbst. Unabhängigkeit und Eigenverantwortung sind ihm seine höchsten Güter. Was mehr als alles andere zählt, sind die eigenen Interessen. Sollte er sich dazu entscheiden, auch andere Interessen gelten zu lassen oder einen Kreis von Menschen um sich zu haben, deren Interessen er ebenso als eigene betrachtet, geschieht dies nur mit seiner Zustimmung und zu seinen Bedingungen – und es schränkt den Status absoluter Autonomie in seinem Selbstbild nicht ein (2017b: 82).

Auf sich selbst fokussiert möchte der Mann vorankommen. Mit geradezu poetischem Einschlag formuliert Donovan: „I‘m alive to live and to thrive“ (2018b: 28). Der Mann muss seinen eigenen Weg gehen, um seine volle Kraft und sein Potential zu entfalten und größtmöglichen Erfolg haben zu können: „The highest form of self-control is to stand godlike above yourself and recreate yourself according to your own will“ (ebd.: 91). Diese gnadenlose Überhöhung von Unabhängigkeit und Selbstvertrauen („godlike“) wirkt sich für Donovan schließlich auf die Möglichkeiten und Grenzen (abhängiger) Beziehungsgestaltungen aus: Die von ihm idealisierte Blutsbrüderschaft rahmt er vor diesem Hintergrund als eine Vereinbarung, die beide Parteien einvernehmlich, aber absolut unabhängig voneinander eingehen (2013: 21). Zudem sei es homosexuellen Männern eher ermöglicht, von Frauen unabhängig ihr Dasein zu gestalten und so männliche Lebenswelten in den Mittelpunkt zu rücken (2006: 116).

Konsequenz, Durchhaltevermögen und körperliche Stärke

Seine eigene sexuelle Identität wendet Donovan ferner auf einen weiteren Teilbereich seiner Wertvorstellungen von Männlichkeit an. Männlichkeit zeichne sich demnach auch durch besondere Konsequenz und Standhaftigkeit aus. In Bezug auf seine homosexuelle Lebensweise bedeutet dies für Donovan erstens Schmähungen, Beleidigungen, Hass und Anfeindungen tapfer und unverzagt über sich ergehen zu lassen respektive mit Trotz und einem gewissen Stolz zu sich selbst zu stehen (2006: 10). Zweitens deutet er gar eine sexuelle Dimension an: Beim homosexuellen Analverkehr beweise demnach die Person, die die passivierte ‚Bottom'-Position einnimmt, ein männliches Durchhaltevermögen, weil sie potentielle, beim Akt entstehende Schmerzen zu ertragen weiß (ebd.: 53). Donovan nimmt hier eine bemerkenswerte Umwidmung vor: In der gesellschaftlich dominierenden Lesart homosexueller Sexualität wird das Penetriert-werden für gewöhnlich als Kennzeichen von Weiblichkeit, sprich Unmännlichkeit interpretiert (Brandes 2001: 140ff.). Donovan verkehrt dies ins Gegenteil.

Aber auch von dieser sexuellen Dimension abgesehen, bewertet Donovan Stand- und Durchhaltequalitäten als genuin männliche Eigenschaften: „Das authentische Männlichsein hängt mit der Fähigkeit zusammen, innerhalb einer kleinen, umkämpften Schar von Männern, seinen Mann zu stehen" (2016b: 16f.). Die vom Übersetzer Martin Lichtmesz hier verwendete Formulierung,

„seinen Mann zu stehen“[30], offenbart die Anschlussfähigkeit dieser Annahme an gesellschaftlich hegemoniale Diskurse – sie ist in dieser Form gar in den allgemeinen Sprachgebrauch eingegangen. In seinem Artikel zur Blutsbrüderschaft erläutert Donovan außerdem beispielhaft, wie dieser Wert in mann-männlichen Ritualen übernommen wird. Als „toughness test“ (2013: 16) demonstriert die in diesem Rahmen vollzogene zeremonielle, dem Freund gewidmete Verletzung des eigenen Körpers Selbstdisziplin und ergo Männlichkeit, und ließe sich in Anlehnung an Meuser als eine weitere Form des männlichkeitsstiftenden Risikohandelns begreifen.

Schließlich kommt dem Ideal konsequenter Standhaftigkeit nicht bloß die passive Rolle des Aushaltens und Ertragens zu, sie besitzt vielmehr auch eine aktive Dimension: „Ein Mann zu sein: Das bedeutet […] einem Pfad zu folgen, einen Weg zu gehen“ (2016b: 13) – eine Erwartung, die zugleich impliziert, sich von diesem Weg nicht abbringen zu lassen, sondern *konsequent* und *standhaft* in der Spur zu bleiben.

Als Mittel der Wahl dienen den Männern dabei körperliche Fähigkeiten: „Der Weg der Männer ist der Weg der Starken – oder zumindest der *Stärkeren*“ (2016b: 42, Herv. i. O.). Körperlichkeit ist ein zentrales Momentum in Donovans Männlichkeitskonzeption. Das legt nicht nur der Anblick des muskulösen und definierten Körpers Donovans selber nahe, sondern wird von ihm auch eindeutig formuliert. Zwar erkennt er an, dass infolge der zunehmenden Mechanisierung der Gesellschaft körperliche Stärke an Bedeutsamkeit durchaus einbüßt, doch Kraft bleibe „eine definitiv männliche Qualität“ (ebd.) und wird in seinem Hauptwerk gar als diesbezügliche Grundtugend definiert (ebd.: 31ff.).

Körperliche Fähigkeiten zeichnen sich für Donovan folglich in erster Linie durch Muskelkraft aus, die ein Abbild der Männlichkeit darstelle. In seiner ex negativo definierten

---

[30] Im englischsprachigen Original heißt es an dieser Stelle: „being good at being a man“ (2012: 1).

Formulierung, „Männer mit mehr Muskeln sehen am wenigsten wie Frauen aus“ (ebd.: 41), scheint allerdings durch, dass er auch andere Optionen männlicher Repräsentation anzuerkennen gewillt ist. Zudem gelten ihm professionelle Wrestler zwar einerseits als „perfect examples of extreme masculinity“ (2006: 95), andererseits könne ihre äußerliche Fassade selten über einen Mangel an Feinsinn und menschlicher Tiefe hinwegtäuschen, welche Männer auch auszuzeichnen vermögen.

Dennoch kommt der Kraft eine äußerst zentrale Funktion in Donovans Männlichkeitsbild zu. Sie ist es, „die alle anderen Werte erst ermöglicht“ (2016b: 101):

> „Kraft ist die physische Entsprechung von Macht. Kraft bedeutet etwa, daß man dreihundert Panzer zur Verfügung hat, während der Feind nur zweihundert hat. […] Kraft ist die Fähigkeit, Dinge in Bewegung zu setzen. […] Stärker werden, seine Kraft zu steigern – das bedeutet für ein Individuum, eine Gruppe oder eine ganze Nation nichts anderes, als den Spielraum zu erweitern, in dem man relativ ungestraft tun kann, was man will. Was sonst bedeutet Freiheit?“ (ebd.: 44f.)

Die Kraft stellt also die Ermöglichungsbedingung insbesondere für zwei Aspekte dar. Zum einen schafft sie eine Hierarchie unter Männern nach einer simplen Logik: Der Stärkere gewinnt. Zum anderen bekommt die Kraft in Donovans Lesart einen produktiven Charakter: Sie ist die Basis der Freiheit, sich als Mann zwanglos, unabhängig und souverän ausleben zu können. „Das Erlebnis des Männlichseins“, folgert Donovan, „ist das Erlebnis größerer Kraft“ (ebd.: 45). Wie zum Beleg der universellen Gültigkeit der Regel vom Zusammenhang von körperlicher Stärke, Männlichkeit und Hegemonie zitiert Donovan an anderer Stelle ausgerechnet Osama bin Laden mit den folgenden Worten: „‚When people see a strong horse and a weak horse, by nature, they will like the strong horse‘“ (Donovan 2011: 20).

Ehre als Ausweis von Männlichkeit

Deutlich abstrakter als die körperlichen Fähigkeiten als Teil des männlichen Wertekodex ist der Begriff der Ehre als zentrales Moment der „Bandenmännlichkeit“ (2016b: 117). Ehre ist zum ersten etwas, dass Männern scheinbar naturwüchsig zukommt und andauernd anhaftet, meint Donovan. Auch das Männlichsein an sich sei bereits ehrenvoll: „There is honor in being a man“ (2006: 94). Die Ehre gehöre gewissermaßen zur Grundausstattung des Mannes.

Zum zweiten erscheint Ehre als höchst umkämpftes Gut. Von den Ehrenkodizes einer Gesellschaft sei es deshalb abhängig, wie Männer sich verhalten, weil ihnen daran gelegen ist, diesen Idealen zu folgen, um wiederum größtmögliche Ehre zu gewinnen (ebd.: 92f.). Dabei sind Ehre und Männlichkeit von Grund auf miteinander verknüpft. Der Kern der Ehre sei der Beweis, dass „man das Männlichsein beherrscht“ (2016b: 85). Ehre rahmt in diesem Verständnis die männliche Praxis – sie leitet „das Handeln nach Art einer logischen Notwendigkeit“, wie es bei Bourdieu heißt (2005: 91).

Zum dritten bedeutet Ehre für Donovan „Wertschätzung, Respekt und Status“ (2016b: 67). Sie wird von der Männergruppe bewertet und verliehen, ist also ein Indikator für die Reputation eines Mannes. Die Redewendung ‚viel Feind, viel Ehr‘ müsste demnach in der Donovan‘schen Variante vielmehr als ‚viel Anerkennung, viel Ehr‘ präzisiert werden. Dies gilt auch deshalb, weil Ehre für Donovan ein zutiefst hierarchisches Prinzip ist: Größere Ehre bedeutet höherer Status unter den Männern, und vice versa. Die gegenseitige Wertschätzung und der Respekt unter Männern werden von Donovan dadurch über die bloße Form des Umgangs hinaus auf ein bedeutsameres Level erhoben. Es wird zu einer Frage der Ehre, den Mann als Gegenüber mit seinen ihm eigenen Interessen anzuerkennen.

Gier nach Arbeit und Sex – und der Rückzug ins Innere

Eine besondere Bedeutung nehmen in Donovans Konzeption männlicher Werte zudem Arbeit und Sex ein, die für ihn beide sowohl symbolisch als auch praktisch-physisch mit Männlichkeit verbunden sind: „Unsere Körper gieren nach Arbeit und Sex" (2016b. 145). Donovan geht davon aus, dass der männliche Körper geradezu dafür gemacht ist, sich in (möglichst harter) Arbeit auszupowern. Er selbst, muskelbepackt und athletisch, gilt ihm als das beste Beispiel. Sein Essay ‚The physical challenge' (2014a: 115-118) handelt davon, dass er sich bei einem Gelegenheitsjob dazu entschied, schwere Getreidesäcke wieder und wieder mehrere Treppen hochzuwuchten, anstatt, wie vorgesehen, einen Handwagen zur Hilfe zu nutzen. Stolz resümiert er: „I actually *like* hard work. I prefer it over lying" (ebd.: 116, Herv. i. O.). Im körperlichen Arbeiten wird Donovan möglich, was er sich inständig herbeisehnt: ein Gefühl des praktischen Erlebens von Männlichkeit. Umso heftiger beklagt er sich deshalb über einen weitgehenden Verlust jener Formen von Arbeit in der modernen Welt. Harte und gefährliche – und deshalb männlichkeitsstiftende – Arbeit werde zunehmend von Maschinen erledigt, ihrer Risiken beraubt oder in entlegene Regionen verlagert (ebd.: 92).

Donovans Perspektive auf Sex zeichnet sich in ähnlicher Weise durch eine solche Gegenüberstellung von Soll- und Ist-Zustand aus. So kritisiert er eine Hypersexualisierung der Gesellschaft, in der Sex zunehmend zu einer sozialen Angelegenheit verkomme (ebd.; ebd.: 98) – ohne sich dabei allerdings zum moralischen Verfechter einer rein reproduktionsorientierten Sexualität aufzuschwingen. Denn Sex gilt ihm zugleich als menschliches Ur-Bedürfnis, in dem Männlichkeit erfahrbar und zugänglich wird:

> „The sex act itself is the act of man as a beast, satisfying his primal desire. Despite desperate attempts to sanitize it by clammy, life-despising puritans and efforts to elevate and decorate it with charming euphemisms about ‚love-making', despite all of the hand-rubbing double-talk of sleazy spiritual

gurus – at the moment of climax, sex is the chthonic convulsion of a creature overcome by the wild darkness of nature. At no moment are we more nakedly – more completely – beasts.“ (2018b: 102)

Deutlicher könnte Donovans archaisches Männlichkeitsbild kaum zutage treten. Der Mann gibt sich dem Akt hin, um sein urwüchsiges Verlangen zu stillen. Sex als Ausdruck von Liebe und Zuneigung erscheint als eine nahezu lachhafte Idee. Im Moment des orgiastischen Höhepunkts ist es, als ob aus seinem tiefsten Innern die wilde und dunkle Natur des Mannes hervorstoßen würde, der nichts mehr ist als Kreatur und Biest. Donovans Verständnis von Sex korrespondiert mit seiner Vorstellung einer triebgesteuerten, natürlichen und atavistischen Männlichkeit. Sex gilt ihm entsprechend als „a kind of gateway masculinity“ (2014a: 93).

Neben dieser Vielzahl an eher nach außen gekehrten Werten entwirft Donovan auch den umsichtigen Rückzug und die Fähigkeit, in sich zu ruhen, als männliche Eigenheiten. Männer würden innere und äußere Kämpfe führen und neben der „Welt des kämpferischen männlichen Strebens“ existiere auch die häusliche „Welt der Bequemlichkeit“, zu der es eine „Balance“ zu finden gelte (2016b: 167). Wohlüberlegte Abstinenz könne bisweilen auch eine Überlegenheit ausdrücken, „over those who give in to primal appetites“ (2011: 16). Diese Vorstellung einer selbstbeherrschten, auf sich selbst bezogenen und affektkontrollierten sowie am Ideal von Autonomie und Kontrolle orientierten Männlichkeit blitzt bei Donovan an einigen Stellen auf, insgesamt ist sie aber deutlich unterrepräsentiert und wird nicht selten in ihr Gegenteil verkehrt.[31]

[31] Dazu passt ebenso, dass Donovan auch die grundlegende Bedeutsamkeit von fachlichen und technischen Fertigkeiten (2016b: 65) sowie Erfindungsreichtum und Intellekt für Männer (und Männlichkeit) herausstellt. Auch dies kann aber maximal als eine nebengeordnete Randnotiz gelten.

Männlichkeit als Wert an sich

Schließlich konzipiert Donovan Männlichkeit selbst als einen Wert. Männer würden demnach ein Wissen darüber teilen, was Männlichkeit ist, und diese zum gemeinsamen Ziel erheben. „Männer wissen, was andere Männer brauchen und wollen", (2016b: 26) meint Donovan. Männlichkeit erscheint als ein mystisches Faszinosum, das seine Abstraktheit auch den Eingeweihten gegenüber nicht verliert, für diese aber in einem ganzheitlichen Erlebnis des Mann-Seins aufgeht (2006: 67; 2018b: 32).

Nichtsdestotrotz komme Männlichkeit den Männern nicht ohne jede Anstrengung zu. Eher spricht Donovan von einem männlichen Potential oder Talent, das entwickelt und trainiert werden muss (2014a: 93; 2018b: 32). Männlichkeit ist mithin eine Leistung oder eine Kompetenz. „Ein Mann zu sein, ist etwas, das man können muß" (2016b: 13), radebrecht Donovan. Deshalb sei sie zugleich geknüpft an eine Haltung der Erwartung und Herausforderung: „Mehr als alles andere ist Männlichkeit etwas, dessen Vollzug Männer voneinander fordern" (ebd.: 14f.). Äußerer Druck fördere ihre Durchsetzung (2018b: 22) und sei den Männern wie auf den Leib geschnitten, schließlich sei Ehrgeiz in erster Linie eine männliche Qualität (2006: 70). In dieses Bild fügen sich zahlreiche Initiationsriten ein, mit denen die Aufnahme der Jungen in den Status erwachsener Männlichkeit und in die Gesellschaft der Männer begangen werde. Während die Anwärter ihr Martyrium mit einer „stoic masculine dignity" (2006: 102) durchleben, würden sie den Beweis erbringen, die Herausforderung der Männlichkeit bewältigen zu können. Donovan kritisiert die Praxis nicht, sondern begreift sie als elementare Eigenheit der Männlichkeit – im Gegensatz etwa zu Bourdieu, der die Männlichkeitsprüfungen in grundlegend ähnlicher Weise beschreibt, sie aber geschlechtertheoretisch einordnet (2005: 94f.). Die Konzeption von Männlichkeit als Herausforderung korreliert bei Donovan sodann mit einem den Männern zugeschriebenen Tatendrang und einem Verlangen nach Aktivität: „The nature of masculinity is active.

Being a man, in virtually every culture, requires that men go out and do something" (2006: 69). Wiederum verbleibt Donovan allerdings auf einer reichlich abstrakten Ebene. Aktivität wird nicht mit einem konkreten Gehalt gefüllt, sondern es bleibt bei der bloßen Formulierung des Werts als solcher.

Männlichkeit als Wert ist hierarchisch geordnet. Analog zum Connell'schen Modell der hegemonialen Männlichkeit (2000: 97ff.) – eine spezifische Konfiguration von Männlichkeitspraxen, die gesellschaftlich am meisten anerkannt und von den Männern somit angestrebt wird (sowie den ihr untergeordneten Männlichkeiten) – und zur bereits eingeführten, in extrem rechten Kreisen hegemonialen Vorstellung soldatischer Männlichkeit geht auch Donovan von einem männlichen Idealbild aus, das er als „perfekte Männlichkeit" (2016b: 77) oder auch „absolute masculinity" bezeichnet:

> „Absolute masculinity is a lodestar in the human mind – an untouchable navigational point indicating the farthest imaginable distance along a particular longitude mapping the way that men, as beasts, conceptualize their world. It represents a perfect form – the ‚most masculine' – a cluster of physical, behavioral and spiritual qualities that, in their most extreme expression, differentiate human males from human females. The Way of Men leads toward this flickering and elusive point of absolute masculinity." (2018b: 21)

„Absolute masculinity" erscheint auch hier nicht als ein tatsächlich erreichbares Ziel für die Männer, sondern lediglich als ultimativer Orientierungspunkt am Horizont der Männlichkeit („untouchable navigational point"). Dieser umfasse sowohl körperliche als auch geistige Eigenschaften sowie eine distinkte Praxis, nach denen die Männer streben (sollen) (vgl. auch 2011: 36; 2016b: 77). Donovans bildliche Sprache verweist erneut auf den Charakter eines wenig konkreten, von den Männern umschwärmten Idealbilds – ein ‚flackernder und trügerischer Punkt der absoluten Männlichkeit'. Mit Meuser ließe sich diese Konstellation ebenfalls in Beziehung zum Modell hegemonialer Männlichkeit setzen, Männlichkeit werde, so seine These, „im Modus der Hegemonie hergestellt" (2010: 126), wenn auch das Ergebnis selten dem dabei formulierten Anspruch genüge. Donovan behauptet zudem eine besondere Bedeutsamkeit männlicher Vorbildfiguren für Männer, die ihnen als persönliche Orientierungshilfen dienen (2006: 76; 2011: 30) – diese könnten somit als individuelle Abbilder hegemonialer Männlichkeitsvorstellungen verstanden werden.

Dieser immense Fokus auf die Aneignung einer sich geradezu selbst übersteigenden Geschlechtsidentität begründet in Teilen die radikale Überhöhung, die Männlichkeit als Wert bei Donovan erfährt. Gesellschaftliche Normerwartungen, die zu dieser Idealisierung drängen, werden von ihm nicht annähernd reflektiert. Deswegen mutet es auch nicht irritierend an, wenn Donovan hinsichtlich eigener sexueller Präferenzen ein Gefühl des Hingezogenwerdens zu Männlichkeit an sich beschreibt, anstatt in erster Linie über die Attraktivität anderer Männer zu sprechen (2006: 12). Überdies offenbart sich eine zutiefst androzentrische Geschichtsschreibung, wenn er Kultur im Allgemeinen wie die gesamte Historie der Menschheit zu Errungenschaften erklärt, für die mehr oder weniger Männer hauptverantwortlich zeichnen (ebd.). Männlichkeit gilt ihm passenderweise nicht als Notwendigkeit, der sich Männer in einem Verhältnis gegenübersehen, sondern gar als ein „philosophical virtue“ (2018b: 34). Wie er mehrfach betont, liege der Ursprung des Wortes ‚virtue‘ ohnehin im lateinischen ‚virtus‘, das sich als ‚Mannhaftigkeit‘ übersetzen lässt (z.B. ebd.).

Diese Überhöhung kulminiert schließlich in einer regelrecht spiritualistischen Lesart von Männlichkeit. Sie verklärt er etwa zur „religion of men“ (2006: 67), die aus der körperlichen Erfahrung des Mannseins auf natürliche Weise erwachse. Männlichkeit wird zum Ausweg der Männer, die in eine Zeit der Nützlichkeit und Leere geboren seien. Würden sie sich nur ihrer ursprünglichen Wildheit erinnern, liege ihnen das Glück praktisch zu Füßen. Männlichkeit komme ihnen dann als „self-revelation“ (2018b: 61) – einer Offenbarung gleich – zu: „He is a man who wants to become more of what he is, more of what a man he is“ (ebd.). Plötzlich würde es den Männern dann gelingen, Dinge zu schaffen, die ihnen zuvor unmöglich schienen: „That's something special. That is a spiritual experience" (ebd.: 92).

Das männliche Wertesystem gilt Donovan zusammenfassend als grundlegende Quelle der männlichen Identität. Wer ein Mann ist, denkt und handelt auch wie einer, so die Logik. Dabei handelt es sich nicht nur um eine eher deskriptive Erwartung, sondern um eine reale Anforderung, an der Männer sich messen lassen müssen. Männlichkeit selbst als Wert anzuerkennen, macht für Donovan so den Grundbaustein des Mannseins aus:

> „Manhood is fundamental to who men are; the way they conceptualize masculinity is the way they form their most basic sense of identity. This religion, through its culture, ritualizes and channels their essential and physical masculinity. Their understanding of what it means to be a man guides their behavior and forms their personal code of honor. What a man will and won't do is more often than not related to what he personally believes a man should or should not do. (2006: 76)

3.2. Männliche Beziehungen – Hierarchien unter Männern

Männlichkeit meint Anerkennung und Status

Die Welt der Männer ist in der Anschauung Donovans streng hierarchisch geordnet. Der Männlichkeitsstatus, also der Grad, in dem das Männlichsein erfolgreich beherrscht wird, ist an den Status eines Mannes unter Männern geknüpft, meint er (2016b: 14; 30). Männlichkeit bedeute insofern, größtmögliche Anerkennung von anderen Männern zu erhalten. Diese Anerkennung bemesse sich an den Fähigkeiten der Männer:

> „Ein Mann, der doppelt so viel tragen kann wie andere Männer, wird für seine Gruppe äußerst nützlich sein, egal, was er sonst noch kann oder nicht. Ein Mann, der doppelt so hart zuschlagen kann wie andere, wird ebenfalls äußerst nützlich sein, egal, was er sonst noch kann oder nicht. Diese Fähigkeit steigert nicht nur seinen Gesamtwert, sie verleiht ihm auch die Möglichkeit, sich seinen Rang innerhalb der Gruppe physisch zu erobern." (ebd.: 43)

Wie zu sehen ist, sind die Fähigkeiten, die Anerkennung erzielen, eng verbunden mit der soeben herausgearbeiteten männlichen Wertewelt. Körperliche Kraft und Durchsetzungsvermögen, aber auch Mut, Tapferkeit und physische Gewaltanwendungen (ebd.: 46ff.) werden von anderen Männern honoriert und schaffen Statusgewinne. Zugleich obliegt es den Männern, die diese Leistungen nicht erbringen, sich in weiteren Betätigungsfeldern um Anerkennung zu bemühen und sich etwa durch technisches oder gar soziales Know-how auszuzeichnen (ebd.: 65f.; 77f.). Das zugrundeliegende Ziel ist Männlichkeit und im Umkehrschluss bedeutet ein Mangel an Männlichkeit eine sozial niedrige Position (ebd.; 2011: 31), während das erfolgreiche Absolvieren der „Aufgabe, männlich zu sein" (2016b: 30), Wertschätzung, Respekt und Ehre in der Männergruppe verspricht.

Ein „höherer Status bedeutet handfeste Vorteile – größere Macht, besseren Zugriff auf Ressourcen oder schlicht und einfach den Komfort, den eine hohe Position in der Hierarchie mit sich bringt" (ebd.: 36), oder auch „erhebliche Privilegien" (ebd.: 52), schreibt Donovan einigermaßen nebulös. Es scheint deshalb, als ob es ihm weniger um konkrete Vorteile geht, die aus einer gehobenen Position erwachsen – und die er demnach nicht näher benennt –, als vielmehr um eine Rechtfertigung des hierarchischen Männergefüges insgesamt. An anderer Stelle spricht er in hiermit korrespondierender Weise von einem „value of natural hierarchy" (2014a: 31). Mann-männliche Hierarchien scheinen für Donovan nicht lediglich eine Form der Aushandlung von Positionen und Beziehungen in der

Männer-Gruppe darzustellen, sondern zugleich zentraler Bestandteil von Männlichkeitskonstruktionen überhaupt zu sein.

Die Durchsetzung solcher Hierarchien resultiert selbstredend in Beziehungen der Über- und Unterordnung – in „Alpha-" und „Beta"-Männern, wie es bei Donovan heißt (2016b: 55; 2013: 13). Auf der einen Seite stehen damit Männer, die sich als besonders erfolgreich im Männlichsein erweisen und ihre herausragende Position in der Männergruppe zu behaupten wissen.[32] Auf der anderen Seite bedarf es folgerichtig eines Gros an Männern, die sich unterordnen (lassen) und in der männlichen Hierarchie an nachgeordneter Stelle stehen: „Wenn jeder Häuptling sein will, kann es keine Indianer mehr geben" (2016b: 79). Die Position der Unterordnung legt Donovan dabei nicht als in erster Linie problembeladen oder abgewertet aus, sondern als unabdingbaren und prinzipiell flexiblen Umstand, der sich aus dem Beziehungsgefüge für alle Männer immer wieder unweigerlich ergibt. Es liege im ureigenen Interesse der Männer, einen hohen Status zu erreichen – oder auch: sich in Richtung der hegemonialen Männlichkeit zu orientieren –, dennoch sei die Unterordnung ein „normaler und notwendiger Bestandteil der männlichen Psychologie" (2017b: 82; vgl. auch 2016b: 77). Wiederum liest sich Donovans in diesem Zusammenhang formulierte Interpretation männlicher Hierarchien geradezu geheimnisvoll:

> „Ein Mann soll stark und tapfer sein, deshalb mutet männliche Unterordnung paradox an. Aber die Beziehung zwischen Männlichkeit und Unterordnung ist eines dieser Paradoxa, die durch das Reden über sie nur noch paradoxer werden. Männer lösen das Paradoxon im täglichen Leben einfach auf, weil sie es immer schon getan haben und es in ihrer Natur liegt." (2017b: 83)

Eine weiterführende Begründung seiner Annahme einer natürlichen Hierarchie zwischen Männern liefert Donovan hier nicht.

[32] Donovan scheut sich dabei nicht vor der offensiven Verwendung des, gelinde gesagt, politisch vorbelasteten „Führer"-Begriffs (2014a: 31). Die Verwandtschaft seiner Konzeptionen mit und an extrem rechte Weltbilder tritt selten so sprachlich unverbrämt zutage wie an dieser Stelle.

Stattdessen verabsolutiert er diese erneut zu einer andauernden urmenschlichen Wesenheit, die bezeichnenderweise in Begriffen kaum zu fassen scheint, sich aber in der Praxis der Männer widerspiegeln soll: „So ist es unter Männern immer gewesen, und so wird es immer sein" (2016b: 71).

Herausforderungen zum Wettstreit

Nichtsdestotrotz bedarf die Hierarchie auch in der Lesart Donovans einer stetigen Aushandlung. Diese Aushandlung ist der Wettstreit, der permanente Konflikt zwischen Männern. Anerkennung, Wertschätzung und letztendlich Status in der Männergruppe erhält, wer sich erstens in den Wettkampf begibt und zweitens diesen erfolgreich für sich gestalten kann. Das Grundziel des Wettkampfes ist der Sieg, der Triumph über die anderen Männer. Deshalb umgibt sich der Mann mit anderen Männern, von denen er herausgefordert wird und mit denen er sich messen kann (2018b: 61). In diesen Auseinandersetzungen ‚lernt' er das Prinzip Männlichkeit:

> „Jeder Knabe wird mit einem Fluch geboren. Jeder Knabe wird geprüft und an anderen gemessen werden, und er wird schnell verstehen oder instinktiv begreifen, er wird bald wissen, daß der Weg der Männer der Weg von Rivalität und Kampf ist. Der Weg zum Mannsein führt durch die Spießrutengasse, und die hat kein Ende. Das Mannsein ist kein Bestimmungsort, sondern ein Titel, der verteidigt werden will. […] Dieser Spießrutenlauf muß gegangen werden, ob einem Knaben das nun gefällt oder nicht, ob er es akzeptiert oder ablehnt. Wer den Kampf ablehnt, verwirkt seinen Anspruch auf Männlichkeit." (2017b: 11f.)

Der Wettstreit ist für Donovan so untrennbar an Männlichkeit gebunden. In der (kämpferischen) Auseinandersetzung mit anderen Männern wird Männlichkeit errungen, auf die Probe gestellt und letztlich ähnlich einer Titelverteidigung im Sport fürs erste besiegelt. Daraus gebe es kein Entrinnen. Einmal mehr lässt sich an dieser Stelle eine auffällige Ähnlichkeit mit Teilen der Männlichkeitskonzeption von Bourdieu anführen. Dieser schreibt:

> „Das männliche Privileg ist auch eine Falle und findet seine Kehrseite in der permanenten, bisweilen ins Absurde getriebenen Spannung und Anspannung, in der die Pflicht, seine Männlichkeit zu bestätigen, jeden Mann hält. […] Die Männlichkeit […] ist vor allem eine Bürde." (2005: 92f.)

Was bei Donovan als „Fluch" firmiert, nennt Bourdieu „Falle" oder „Bürde". Donovans „Spießrutengasse" wird zur „ins Absurde getriebenen Spannung und Anspannung", und auch Bourdieu spricht davon, dass der Titel der Männlichkeit verteidigt respektive bestätigt werden will. Im Unterschied zu Donovan geht ihm allerdings der positiv-affimierende Bezug auf diese Konstellation ab, in der Analyse stimmen beide an dieser Stelle aber überraschend deutlich überein.

Weitere Eigenheiten des mann-männlichen Wettstreits führt Donovan außerdem an: Weil die Hierarchiekämpfe der Männer auch ein männlichkeitsstiftendes Moment aufweisen, findet darin zugleich neben der wechselseitigen Distinktion eine Vergemeinschaftung von Gleichen statt. Auch in der Theoriebildung der kritischen Männlichkeitsforschung gilt der Wettbewerb in diesem Sinne als Modus der Männlichkeitskonstruktion (Meuser 2006: 168). Zudem stellt Donovan den rituellen sowie den oftmals risikobeladenen Charakter des Wettstreits heraus (2016b: 52, 56), die ihm beide als weitere Kennzeichen einer männlichen Grundlogik gelten, ebenso wie das prahlerische Zurschaustellen des Erfolgs (ebd.: 37).

Reputation und Loyalität in der Männerbande

Wer sich im Wettstreit erfolgreich zeige, erwerbe eine Reputation unter den Männern – als starker, mutiger, kompetenter Mann (ebd.: 84). Ihr guter Ruf bedeute den Männern alles: „They'll die for narrative. Men will risk death for a good story" (2014a: 32). Er sei die Grundlage ihres Status in der Gruppe und somit Basis dessen, wie sich andere Männer ihnen gegenüber verhalten. Angesichts dieser elementaren Bedeutsamkeit der Reputation wird diese auch zum Ausweis eines an männlichen Normen orientierten Verhaltens. Derjenige, dem sein Ruf weitestgehend egal ist, könne nicht als zuverlässiger Mitstreiter gelten, weil er die männlichen Regeln des Konkurrierens um Anerkennung verletze (ebd.: 34).

Dies ist nicht zuletzt deshalb äußerst relevant, weil Loyalität als zentraler Wert des männlichen Beziehungssystems gilt. Loyalität und männliche Ehre sind unmittelbar aneinandergekoppelt (ebd.: 82). Der Inbegriff der Loyalität ist das wechselseitige Vertrauen der Männer – „the most sacred of all values" (2014a: 157; vgl. auch 2013: 19) – und wird von Donovan wiederum zum Wesensmerkmal der Männlichkeit erklärt: „A man is someone you can count on" (2006: 88). Im weiterführenden Sinn ist Loyalität außerdem über diese Ebene zwischen Männern hinausgehend auf die Gesamtgruppe, den „Stamm" (2017b: 126), bezogen:

> „Die Demonstration dieser Bereitschaft, sich für das Wohl der Gruppe in Gefahr zu begeben, ist der entscheidende Loyalitätsbeweis und erhöht den Wert eines Mannes für seine Gruppe beträchtlich" (2016b: 50).

Symbolhaft steht dafür die Rolle der Wächter, derjenigen, denen die Verantwortung zukommt, die von der Gruppe definierten Grenzen zu bewachen und zu verteidigen (ebd.: 29ff.). Es ist gewissermaßen die Paraderolle des Mannes und an der Fähigkeit der Männer, diese zu erfüllen, bemisst sich in letzter Instanz ihr Wert. „Alles, was spezifisch einen Mann ausmacht – und nicht bloß einen Menschen –, hat mit dieser Rolle zu tun" (ebd.: 31), meint Donovan.

Auch im folgenden Abschnitt wird Donovans Vorstellung einer linearen, bis heute wirkenden Geschichte der Männlichkeit deutlich:

> „Um zu verstehen, was das Männlichsein ausmacht, was alle Männer miteinander gemeinsam haben und warum Männer darum kämpfen, einander ihren Wert zu beweisen, muß man männliche Gruppen auf ihren Kern reduzieren. […] Den weitaus größten Teil der planetarischen Geschichte haben Männer damit verbracht, sich in kleinen Gruppen zu organisieren, um ihr Überleben in einer feindlichen Umgebung zu sichern, in der sie mit anderen Gruppen von Männern, um den Besitz von Frauen und Ressourcen

wetteiferten. Wenn man verstehen will, wie Männer aufeinander reagieren, muß man sich diese grundlegende soziale Ur-Gruppierung genauer ansehen." (ebd.: 16)

Donovan nimmt an, dass sich die gesellschaftlichen Bedingungen für Männer in der jüngeren Vergangenheit verändert haben: Zunehmende Vereinzelung in einer den Individualismus hochhaltenden Welt auf der einen, flexible und weitreichende globale Vernetzung auf der anderen Seite hätten dazu geführt, dass die Bedeutung kleiner Männergruppen gewaltig entwertet worden sei (vgl. Kapitel 3.8.). Diese aber seien die grundlegende Organisationsform von Männern (und Männlichkeit), in denen das männliche Beziehungsgefüge funktioniere. Zwei bis fünfzehn Männer gelten für Donovan als „Komfortzone" (2016b.: 24), die sozial handhabbar sei – und in denen große Loyalität unter den Mitgliedern herrsche (ebd.: 23). Diese ‚Bande' sei der primäre Ort, an dem Männer sich beweisen müssen und in denen sie Respekt, Anerkennung und Ehre von anderen Männern erfahren. Demzufolge nimmt sie für die Männer eine höchst identitätsstiftende Funktion ein:

> „Ein Mann, der sich seinen Platz in der Männergruppe erworben hat, weiß, wer er ist" (2017b: 19). Und als ein solcher Mann, der sich als Mann ‚gefunden' hat, wirke er zurück in und für die Gruppe: „Kein Mann steht für sich allein. Er ist in jedem Moment ein Mann unter anderen Männern, ein Mann in einer Männerwelt" (2016b: 14).

Zwischen inniger Freundschaft und harter Abgrenzung

Das Nonplusultra männlicher Beziehungsgestaltung stellt für Donovan die Blutsbrüderschaft dar, die ihm gar die Grundlage für ein ganzes Buch über Riten in männlichen Allianzen bietet (Miller/Donovan 2013). Sie gilt ihm als „ultimate expression of male friendship" (2013: 14). Anhand der im einleitenden Essay des Buches (2013) vorgebrachten Annahmen über das Wesen der Blutsbrüderschaft wird die tiefe und außerordentliche Bedeutung gewahr, die Donovan männlichen Beziehungen beimisst. In der innigen Freundschaft zweier Männer bilden sich für ihn zentrale Werte der Männlichkeit ab: Verbundenheit mit seinesgleichen bei großem wechselseitigen Respekt und Ehrerbietung, ohne aber Unabhängigkeit und den eigenen Willen aufgeben zu müssen (ebd.: 13), Elemente von Jagd und Krieg (ebd.: 17) sowie unbedingtes Vertrauen und Loyalität (ebd.: 19). Zum wiederholten Male findet sich auch eine spiritualistisch angehauchte Überhöhung dieses Männerbundes: Die Blutsbrüderschaft sei gegründet in einer „masculine aesthetic and in a masculine understanding of things" (ebd.: 12) sowie der „spiritual authority of the participants" (ebd.: 19). Darin zeigt sich, dass Blutsbrüderschaft im Besonderen sowie männliche Freundschaft im Allgemeinen für Donovan nicht eine vorrangig funktionelle Bedeutung aufweisen, sondern ein Ausdruck von Männlichkeit schlechterdings sind. Folgerichtig ist so sein Appell an Männer: „Stiftet Bruderschaften" (2016b: 192) und nehmt euch Zeit für andere Männer.

Bei allem Potential tiefster freundschaftlicher Verbundenheit durchzieht die männliche Beziehungswelt in Donovans Anschauung ebenso ein tiefer Riss. Wie bereits beschrieben, resultiert der männliche Wettstreit nicht nur in einer Vergemeinschaftung der Gleichen, sondern auch in Distinktion. Der unbeschränkten Loyalität gegenüber der eigenen Männergruppe folgt die Feindschaft gegenüber der anderen auf dem Fuße. Männliche Vergemeinschaftung, Aushandlung von internen Hierarchien und Beziehungsgestaltung auf der einen meint zugleich harte Abgrenzung auf der anderen Seite. Donovan schreibt: „Männer werden stets zwischen zwei Formen des Wettkampfes hin- und herpendeln. Die eine findet innerhalb der Gruppe statt, die andere richtet sich gegen eine rivalisierende Gruppe oder andere äußere Bedrohungen" (ebd.: 37). Wiederum steckt darin aber auch ein männlichkeitsstiftendes Moment: Positionen der Über- und Unterordnung werden verhandelt und eine männliche Rangordnung auf einer übergeordneten Ebene ausgehandelt.

3.3. Verantwortung und Abgrenzung – Sorge um die Nächsten, Auslöschen der Fremden

Zusammengehörigkeit durch Abgrenzung

Zu Donovans Vorstellungen erfüllter Männlichkeit zählt also die Schaffung einer gemeinsamen Identität, die einerseits Verantwortung und Sorge nach innen erfordert, andererseits aber auch kollektive Abgrenzungen nach außen. Die „Bande“ stellt die „männliche Gruppenidentität, ein Wir“ (2016b: 190). Donovan befürwortet eine Aufteilung der Welt in viele, relativ überschaubare Stämme, die sich grundsätzlich feindlich gegenüberstehen:

> „Wir sind nicht dazu programmiert, einen ‚Weltstamm‘ zu bilden. Ich war mein ganzes Leben lang ungläubig, aber ich würde auf der Stelle auf die Knie fallen und Loblieder singen für jeden gerechten Gott, der diesen Turm zu Babel zum Einsturz bringt und die Männer über die Erde verstreut, auf daß sie Millionen von virilen, rivalisierenden Kulturen, Stämmen und Identitäten bilden.“ (ebd.: 168)

Donovans biblisches Bild erscheint recht augenfällig anschlussfähig an die in neurechten Kreisen populäre Theorie des Ethnopluralismus (vgl. Salzborn 2018: 161f.), deren zentrale Forderung es ebenfalls ist, dass allerhand ethnische Gruppen voneinander isoliert und für sich selbst verantwortlich an ihnen vermeintlich natürlich zukommenden Orten leben und ein wechselseitiger Austausch sich auf ein Minimum begrenzt. Der Pluralismus des Ethnopluralismus – eine „Art von Vielfalt“ (2016b: 168) heißt es bei Donovan – ist also in Wahrheit sehr eindimensional und nur theoretisch vielfältig.

Die Vergemeinschaftung ist für Donovan dementsprechend unübersehbar an die demonstrative Abgrenzung gegenüber anderen gebunden: „Wir müssen unsere Gruppe definieren. Wir müssen klar bestimmen, wer dazu gehört und wer nicht […]. Wir müssen unser Revier abstecken“ (ebd.: 17). Und: „Die Grenze des Reviers teilt die

Männer in zwei Gruppen: jene, denen wir vertrauen, und jene, denen wir nicht vertrauen, oder die wir nicht gut genug kennen, um ihnen zu vertrauen" (ebd.: 27). Das Gefühl der Zugehörigkeit zur (Männer-)Gruppe scheint nur mit seiner Kehrseite zu existieren, die nicht weniger bedeutsam wirkt: der Ausschluss derjenigen, die nicht Teil der Gruppe sind. Damit definiert sich das Zugehörigkeitsgefühl wesentlich auch als ein gemeinsamer Pakt, gegen die Außenstehenden vorzugehen.

Für Donovan bedingt das eine das andere. Wer der eigenen Gruppe inständig zugetan ist, der richte sich zwangsläufig gegen andere. Donovan nennt dies „selektive Liebe und praktizierte Gleichgültigkeit" (2017b: 93). Sämtliche positive Identifikation, Loyalität, Hingabe und Verantwortung ziele auf die eigene Gruppe. Ein wie auch immer geartetes Mitgefühl für andere würde dieser Entscheidung zur ausschließlich einseitigen Verbindung entgegenstehen. Wenn diese Form der ‚selektiven Liebe' von Donovan auch zur höchsten und reinsten Form der Zuneigung erklärt wird (ebd.: 90), stellt sie doch eine sehr kontrollierte Verwaltung der eigenen Gefühlswelt dar und schließt so in Teilen an klassische Konzeptionen rationaler und emotional eingefasster Männlichkeit an. Zumal diese Einstellung außerdem in einem weiteren Sinne männlichkeitsstiftend wirkt, insofern sie ein friedfertiges Miteinander einschneidend verhindert und den Konflikt – die Auseinandersetzungen zwischen Männern – regelrecht heraufbeschwört: „Ohne Abgrenzung kann es keinen Konflikt geben, und ohne Konflikte gibt es keine vitale Männlichkeit" (ebd.: 15).

Praxis gegen andere

Die Einrichtung der Welt in dieser Weise durch die Männer bringe laut Donovan eine spezifische Praxis hervor, mit der die Männer auf die Gegebenheiten reagieren und diese wiederum reproduzieren. Sie beinhaltet drei voneinander abhängige Elemente. Erstens sei, um den Anspruch, Grenzen abzustecken und ein Revier zu erschaffen, zu gewährleisten, „eine Art Sicherheitszone" (2016b: 17) einzurichten.

Diese – und damit die gesamte eigene Gruppe und Existenzgrundlage – gelte es zweitens zu schützen und zu verteidigen. Es liegt in der Natur der Männer, überall nach Bedrohungen Ausschau zu halten, meint Donovan (2014a: 29), und im Ernstfall gelte es, entschieden „zurückzuschlagen" (2016b: 19). Damit entstehe eine Situation, in der die männliche Gemeinschaft auf die Probe sowie Rivalität und Wettstreit zwischen den einzelnen Männern einer Gruppe zurückgestellt würden, um sich gemeinsam dem kollektiven Ziel unterzuordnen.

Drittens könne, wenn einzig die eigene Gruppe zählt, auch das eigene Gebaren problemlos und fortwährend auf Angriff eingestellt sein: „Der Naturzustand des Krieges ist der fortwährende Konflikt zwischen kleinen Gruppen von Männern" (2016b: 22). Um der eigenen Gruppe einen Vorteil zu verschaffen, erscheine es nur folgerichtig, erbarmungslos von den anderen zu nehmen und diese auszunutzen, wann immer sich dazu eine Möglichkeit ergibt – oder auch wann immer eine Möglichkeit dazu gewaltsam geschaffen wird (ebd.: 19). Die Konstruktion einer kollektiven (und sehr intimen) Identität bei gleichzeitiger totaler Abgrenzung nach außen, wird für Donovan so zu einer elementaren Bestimmung der Wesenheit von Männern. Und sie ermöglicht ein spezifisch männlich-verantwortungsvolles und männlich-aggressives Handeln zugleich:

> „Es gestattet Männern, bedarfsgerecht vom hingebungsvollen und beständigen Sorgen für ihre Nächsten zum gnadenlosen Auslöschen Fremder umzuschalten, wenn es notwendig ist" (2017b: 106).

Sich um das/die Eigene(n) kümmern

Donovans Fokus auf der ‚Bande' als Kern männlicher Vergesellschaftung zieht diese kämpferische Ausrichtung nach sich. Verantwortungsübernahme im Sinne von Sorgearbeiten für die eigene Familie nimmt in seinen Texten eine sehr kleine Rolle ein. Dies liegt nur bedingt daran, dass er diesem Teilaspekt eine geringe Bedeutung zumisst, wohl aber an seinem persönlichen Lebenswandel. Donovan umgibt sich hauptsächlich mit Männern und hat dies zum politischen Konzept erhoben. Familie im Sinne bürgerlicher, heteronormativer Vorstellungen kommt in seiner Lebenswelt wenig vor. Sie wird von ihm, wenn überhaupt, recht abstrakt und/oder in Beziehung zu seinen weitergehenden Vorstellungen der Organisation gesellschaftlichen Zusammenlebens angeführt. So spricht er etwa von Familien als den „eigenen kleinen Sippen" (2016b: 120) der Männer, die diese, wie auch die große Sippe – die Bande –, zu versorgen und zu beschützen hätten. Zudem geht er prinzipiell von verschiedenen familiären Funktionen aus, die Männern und Frauen jeweils zukommen würden (2013: 15).

Hinzu kommt die Erwartung an Männer, die Verantwortung für sich selbst vollständig und vorbehaltlos zu tragen: „Zu keinem Zeitpunkt seines erwachsenen Lebens gestattet man einem Mann, sich vor der Eigenverantwortung für sein Leben zu drücken" (2016b: 62). Es gehört für Donovan zur absoluten Grundausstattung der Männer-Fähigkeiten, in der Lage zu sein, für sich selbst zu sorgen und von anderen unabhängig zu sein. Er begreift dies weniger als Last oder Bürde, denn als Möglichkeit, Potential und Tatkraft vollends auszuschöpfen: „Total freedom equals total responsibility" (2018b: 79).

Der Mann als Schöpfer

Dieses Potential und die Übernahme der Verantwortung für sich selbst und für andere würden aus dem Mann einen Schöpfer machen.

Männer würden Länder erobern, Stämme begründen und Dinge kreieren, meint Donovan und erklärt unverhohlen größenwahnsinnig: „Men made this world in their own image. Men invented the game and ran the racket“ (2014a: 70). In Donovans Anschauung basiert die gesamte Weltgeschichte auf den Leistungen von Männern – das von ihm an dieser Stelle verfälschend verwendete Zitat aus der biblischen Schöpfungsgeschichte („God created men in his own image“) spricht diesbezüglich Bände. Männer hätten Kunst geschaffen und Häuser gebaut, Kulturen und Religionen, Zivilisationen und Nationen begründet, und wenn ihnen die bisherige Welt zu klein geworden sei, wären sie weitergezogen, um ein neues Stück Erde zu erobern und nach ihrem Gusto zu formen (2006: 70; 2016b: 28f., 110). Aus keinem anderen Grund als der Abenteuerlust und dem Eroberungsdrang der Männer seien „heute alle Kontinente der Welt mit Menschen bevölkert“ (ebd.: 29).

Donovans Verehrung männlichen Schöpfertums nimmt dabei mythologische Züge an:

> „Man has the potential to create his world, to dream cosmologically and ejaculate his vision upon the womb of the earth, to call up that creation from the fertile soil as the sun calls the trees toward the sky. Man is capable of reordering and reshaping the world around him to please him and to serve him. From simple stone, he can bring forth swords and statuary, pillars and Parthenons. […] What is all of this, if not magic? This visionary potential to make and to master – this is the spark of a god in man!“ (2018b: 100)

Schöpfung, sagt Donovan, ist zutiefst an die Erfahrung des Mannseins gebunden (ebd.: 101). Die mit sexualisierten Begriffen angereicherte Schilderung des männlichen, kreativen Potentials ist kein Zufall: Die Zeugungsfähigkeit des Mannes begründet für Donovan sein generelles Vermögen, Dinge zu erschaffen. Männliche Sexualität sei bloß eine Metapher „for more abstract creative activity“ (ebd.: 102). Erneut findet sich damit ein Beispiel, in dem Donovan die Ebene sachlicher Argumentation verlässt und sich in großer literarischer Sprache daran versucht, Männlichkeit nicht mehr als Ergebnis sozialer Aushandlungen gelten zu lassen, sondern als eine überweltliche und überhistorische Meta-Gegebenheit festzuschreiben.

3.4. Moral der Gewalt

Mannsein statt Gutsein

Donovan entwickelt in seinen Schriften ein ganz eigenes Moralsystem, das an die Durchsetzung männlicher Werte zurückgebunden ist. Zentral steht dabei die Unterscheidung von „Gutsein und Männlichsein" (2016b: 100). Als ‚gut' gilt, was gemeinhin als moralischer Anstand verstanden wird: Ehrlichkeit, Gerechtigkeit und Mitgefühl gegenüber den Mitmenschen etwa. Donovan lehnt diese Eigenschaften nicht ab – im Gegenteil, er erkennt sie als dem Zusammenleben zuträglich sehr wohl an –, er bestreitet aber einen Zusammenhang dieser Kompetenzen mit Männlichkeit, denn ein moralisch ‚guter' Mann sei „nicht notwendigerweise ein wahrhaft männlicher Mann" (ebd.: 35). Männlichkeit definiere sich schließlich nicht über moralischen Anstand, sondern über das männliche Wertesystem – und darin enthalten sind Eigenheiten, die einem moralisch anständigen Verhalten zuweilen erheblich entgegenlaufen. So erklärt Donovan die Faszination, die moralisch ‚schlechte' Männer auf andere Männer ausüben können:

> „Ungeachtet ihrer moralischen Vorbehalte finden Männer diese Gestalten anziehend, gerade weil sie überaus männlich sind. Die bösen Jungs bewegen sich in brutalen, unfeinen und zügellosen Männerwelten, und gerade sie legen *besonderen* Wert darauf ihren Mann zu stehen, das Männlichsein gut zu beherrschen. Gangster sind überaus statusbewußte, aggressive, taktisch orientierte, waghalsige, bruderschaftliche *Men's men.*" (ebd.: 88f., Herv. i. O.)

Es existieren gewissermaßen zwei voneinander unabhängige Rankings: eines des gesellschaftlich anerkannten moralischen Handelns – dem Donovan, so scheint es, vergleichsweise wenig(er) Bedeutung zuspricht – sowie eines, das aufgrund eines erreichten Levels an Brutalität, Aggression, Status-Aspiration und weiterer Merkmale einen Männlichkeits-Grad bis hin zum „Men's men" verleiht – und dem Donovan eine größere Relevanz zuerkennen will als allgemein üblich. So attestiert er auch den Terroristen des 11. Septembers zwar Feinde seines Stammes gewesen zu sein, keineswegs aber Feigheit und Unmännlichkeit. Im Gegenteil: Sie hätten „Eier aus Stahl" (ebd.: 90) gehabt.

Der Moralschaltknüppel

Eine sich anschließende praktische Konsequenz dieser Perspektive auf Moral ist Donovans Ablehnung eines allgemein gültigen moralischen Standards insgesamt. Er spricht vom „moralischen Universalismus" (2017b: 25), der Männer schwach, verwundbar und dumm mache. Der moralische Universalismus lege es seinen Anhängern auf, die gleichen Prinzipien gegenüber allen gelten zu lassen – ganz gleich, in welcher Beziehung man zum Gegenüber steht. Die Eigenschaften einer an männlichen Werten orientierten Verhaltensnorm – das Moralsystem der Männlichkeit, wenn man so will – würden somit keine Anwendung finden können. Kampf, Hegemoniestreben oder Loyalität gegenüber der eigenen Gruppe würden allesamt verunmöglicht. Der moralische Universalismus sei demnach eine „Philosophie für Männer, die aufgegeben haben" (ebd.: 33) und zu „impotenten Halbmännern" (ebd.) geworden seien, erklärt Donovan in drastischen Worten.

Als Alternative gilt ihm die Anwendung des „Moralschaltknüppels" (ebd.: 94ff.). Dieser erlaube es – wie ein Kupplungshebel im Auto – zwischen verschiedenen Gängen, hier: moralischen Modi hin- und herzuwechseln. In Donovans tribalistischer Denke ist ein Gang dabei dem eigenen Stamm gewidmet: In diesem obliegt es den

Männern im Sinne des innerstämmischen Friedens und Zusammenlebens sehr wohl moralischen Anstand walten zu lassen: „Du kannst immer noch ein guter Mann sein [...]“ (ebd.: 105). In den anderen Gängen werden moralische Prinzipien suspendiert. Gegenüber anderen Stämmen gibt es keine moralische Verantwortung, die eigenen Bedürfnisse stehen an allererster Stelle: „[...] aber du kannst nicht gegenüber jedem gleichermaßen gut sein“ (ebd.). Die Devise lautet: „Nicht meine Leute, nicht mein Problem“ (ebd.: 146).

Siegen als moralische Größe

Donovan kreiert damit in gewisser Hinsicht eine Parallelmoral – die Moral der Männlichkeit. Sie ist deutlich nach außen gerichtet und zielt weniger auf einen Umgang *mit* anderen als vielmehr auf einen Umgang *gegen* andere. Gut und schlecht verkommen in dieser Moral zu Faktoren, die den Erfolg des Handelns bemessen: „Richtig ist, was zum Sieg, falsch ist, was zur Niederlage führt“ (2016b: 34). Ob das Handeln eine nach herkömmlichen Kriterien moralisch gute oder schlechte Tat darstellt, ist für die Bewertung völlig unerheblich. Wie in Kapitel 3.1. bereits angerissen, lehnt Donovan diese Argumentation an Nietzsches Begriff der ‚Herren‘-Moral (1980) an. Donovan zufolge entstehe demnach aus einem unbedingten Selbstbewusstsein eigener Größe und Stärke die Gewissheit, dass das eigene Verhalten auch moralisch gut, richtig und rechtfertigbar sei (2018b: 72).

Donovans Moralvorstellungen lassen sich also als ein Dreischritt begreifen, (der aber nicht als unvermittelte Abfolge zu verstehen ist): Zunächst trennt er entschieden das Mannsein von einem allgemein gültigen Moralverständnis – jeweils habe das eine mit dem anderen nichts zu tun. Dann sperrt er sich gegen eben jenes Moralverständnis – den moralischen Universalismus –, das sich mit einer geradezu beliebigen Art, moralische Prinzipien gegenüber gleich wem auch immer in gleicher Weise anzuwenden, als schwach und unmännlich erwiesen habe. Es folgt die Kreation einer männlichen Moral, die den Sieg als höchstes – und moralisches – Ziel schlechthin ausgibt und sich damit sowohl bestens mit der männlichen Wertewelt verträgt, als auch gemeinhin geltende Moralvorstellungen torpediert.

Gewalt als männliches Wesensmerkmal

Die Moral der Männlichkeit wird gerahmt durch ein affirmierendes Verhältnis zu Gewalt. Männer würden mitunter „aus schierer Langeweile" einen Streit anzetteln, „damit sie etwas zu tun haben" (2016b: 115). Donovans nonchalante, und wohl nicht hundertprozentig als ernsthafte Absicht zu befindene Ankündigung, diejenigen, welche den Schwur der Bruderschaft brechen, mit einem Lächeln auf den Lippen zu erstechen (2014a: 163), verweist ebenfalls auf eine regelrechte Gewaltlust. Diese ist bei ihm allerdings nicht als delinquente oder gar sonderliche Eigenart von Männern zu begreifen, sondern als ein Faktor, der sich quasi notwendig aus ihrem Wesen ergibt. Männliche Aggression und Gewalt gelten Donovan als „menschliche Universalien" (2016b: 140).

In dem eingangs erwähnten Essay mit dem Titel ‚Violence is Golden' (2014a: 17-23) argumentiert er in genau dieser Weise, ohne allerdings die geschlechtliche Dimension besonders herauszustellen. Der Essay plädiert dafür, Gewalt als ein unumgängliches und zweckvolles Kernelement unserer Gesellschaft anzuerkennen und nicht länger als vermeidbares Übel abzuurteilen. Menschen würden nun einmal prinzipiell und aus guten Gründen zu Gewalt neigen, meint Donovan: „It's time to quit worrying and learn to love the battle axe" (ebd.: 23).

Produktive Gewalt

In zweierlei Hinsicht nimmt nämlich die Gewalt für Donovan eine ordnende und insofern produktive Funktion ein. Erstens spiele sie, wie in Kapitel 3.2. bereits beschrieben, eine entscheidende Rolle im Ringen um die männliche Rangordnung. Das Gewalthandeln der Männer oder zumindest das von ihnen ausgehende und als Bedrohung aufgefasste Gewaltpotential bestimme, welchen Platz sie in der Hierarchie einnehmen: „Man kann Männlichkeit und Gewalt nicht voneinander trennen, denn letzten Endes basieren die Macht- und Statusverhältnisse unter Männern auf Gewalt“ (2016b: 67).

Zweitens geht Donovan davon aus, dass Gewalt Ordnung sichert. Seiner Ansicht nach funktionieren gesellschaftliche Regeln und Absprachen weniger, weil sie von der Gemeinheit für das Zusammenleben als sinnvoll erachtet werden, sondern primär, weil ihnen jeweils die Androhung von Gewalt bei Nichtbeachtung mitschwingt: „Order demands violence. A rule not ultimately backed by the threat of violence is merely a suggestion“ (2014a: 18). Insbesondere gelte dies auch für das Gebot, auf Gewalt zu verzichten. Ein Ende der Gewalt als gesellschaftliche Übereinkunft sei nur möglich durch die Drohung, bei gewalttätigem Handeln selbst Gewalt zu erfahren. In ‚Violence is Golden‘ verweist Donovan auf die Polizei als einen Akteur, in dem sich diese Drohung objektiviert (ebd.: 22).[33]

Rohe Gewalt gilt Donovan dennoch nicht als einzige Ordnungsinstanz der Gesellschaft. Er betont, dass zur Durchsetzung von Macht auch andere, etwa technische Kompetenzen (zusätzlich)

---

[33] Inhetveen hat in einem anderen Zusammenhang, aber in einer sehr einleuchtenden und mit der vorliegenden Untersuchung durchaus vergleichbaren Weise argumentiert, dass „Gewalt sozial produktiv“ (1997: 258) sein kann. Sie zitiert außerdem Popitz, dessen zweischneidige Analyse des Verhältnisses von Ordnung und Gewalt der von Donovan sehr nahe kommt: „Soziale Ordnung ist eine notwendige Bedingung der Eindämmung von Gewalt – Gewalt ist eine notwendige Bedingung zur Aufrechterhaltung sozialer Ordnung“ (Popitz 1992: 63, zit. n. Inhetveen 1997: 245).

vonnöten seien (2016b: 67; vgl. auch Kapitel 3.1). Dies gelte insbesondere auch deshalb, weil Gewalthandeln in modernen Gesellschaften in hohem Maße sanktioniert werde beziehungsweise eine Trennung zwischen interpersonaler und staatlicher Gewalt aufgemacht werde, wobei nur letztere als gerechtfertigt angesehen werde (2018b: 23f.). Donovan nimmt diese Trennung als heuchlerisch wahr. Seiner Ansicht nach steht einem von zahlreichen, offiziell legitimierten Gewaltakteuren geprägten System die konsequente Verurteilung jeder anderen Form von Gewalt durch eben jenes System gegenüber (2014a: 131) – und entsprechend die Verurteilung eines männlichen Grundbedürfnisses und Modus männlicher Aushandlungen.

3.5. Die ewige Natur der Geschlechter

Die Bedeutung des Körpers

Die Grundlage Donovans vehementer Behauptungen darüber, was männlich sei und wie Männer sich zu verhalten haben, ist die Vorstellung, dass Geschlecht natürlich und deshalb prinzipiell unveränderbar sei. Die Aufteilung der Gesellschaft in Männer und Frauen sei ein Resultat grundsätzlich voneinander geschiedener Körper: „Durch unsere Körper gehören wir entweder der männlichen oder der weiblichen Gruppe an. […] Diese Gruppenidentität ist nichts Willkürliches oder kulturell Bedingtes – sie basiert auf elementaren biologischen Gegebenheiten“ (2016b: 13). Donovan erkennt zwar an, dass „culturally determined sex roles“ (2011: 28) – das also, was gemeinhin unter ‚Gender‘ firmiert – einen Einfluss auf die Selbstwahrnehmung und -präsentation von Männern und Frauen nehmen, er hält deren Bedeutung aber für allgemein überschätzt. Männlichkeit sei vielmehr grundlegend „sex" (2006: 67) – also biologisches Geschlecht:

> „[…] the physicality of being male. It includes both primary and secondary sex characteristics, from simply being born with a penis to being physically stronger than females and usually having different body-hair patterns. But there is more to it than that. I've already touched on the fact that men are hormonally different from women, this must have a significant impact on their behaviors and the way they experience things. There is some evidence that men as a whole have significantly different brain structures and natural aptitudes. Their senses are different. They see and perceive the world differently. All of these things are part of being male […]." (ebd.)

Die körperlichen Unterschiede ziehen sich für Donovan von Anatomie über Hormonhaushalt und Hirnstruktur bis hin zur Sinneswahrnehmung. An anderer Stelle spricht er außerdem von unterschiedlichen psychologischen Konstitutionen (2014a: 79) oder einer natürlicherweise geringeren Emotionalität der Männer (2006: 132). Er misst diesen Unterschieden entscheidende Bedeutung zu: Sie bewirken eine jeweils verschiedene Wahrnehmung der Welt. Dies wird unmittelbar an Geschlecht geknüpft – es ist Teil des Mannseins. Statt von einer sozial bestimmten Geschlechterrolle spricht Donovan entsprechend über die *„natürliche* Rolle der Männer" (2016b: 100, Herv. S.V.). Die Praxis der Männer sei nicht sozial erlernt, sondern ihnen bereits wesensmäßig auferlegt: „The things that men like, the behaviors that resonate with them, and idealized masculinity are physical part of being born male" (2006: 66). Deshalb sei es nachgerade absurd, Männerrollen neu zu definieren oder umzuschreiben – wie es seiner Ansicht nach derzeit versucht werde (2011: 32).

Stattdessen gebe es eindeutige und folgenschwere physiologische und psychologische Unterschiede (2016b: 39, 94). Die absolut zentralen körperlichen Eigenschaften, die die Männer von den Frauen trennen und die infolgedessen wiederholt und prominent in den Texten benannt werden, stellen die spezifische Funktion in der menschlichen Fortpflanzung sowie die Körperkraft dar. Jeweils haben diese zudem soziale Auswirkungen. Der biologische Umstand, dass Männer niemals gebären werden, sei nämlich erstens die Grundbedingung dafür, dass diese zum Wohle der Gruppe größere Risiken eingehen können, weil sie den Aufwand mütterlicher Aufgaben nicht übernehmen müssen (2016b: 20). Zweitens begründe die größere physische Stärke der Männer wesentlich ihren gesellschaftlichen Dominanzanspruch sowie die homosozialen Auseinandersetzungen um Hierarchie und Status (vgl. Kapitel 3.2.). Die im Vergleich zu Frauen verschiedene körperliche Verfasstheit von Männern zeitigt Donovan zufolge also Eigenheiten, die seiner Ansicht nach wiederum maßgeblich zur Männlichkeitskonstitution beitragen.

Das am wenigsten Feminine

Diese biologischen Begründungen werden begleitet durch eine strikte konzeptionelle Trennung, in der die eine Geschlechtsidentität ex negativo durch die andere definiert wird: „Man kann daher sagen, daß Männlichkeit das am wenigsten Feminine und Weiblichkeit das am wenigsten Maskuline ist“ (2016b: 13). Männlichkeit meine im wahrsten Wortsinn das Gegenteil von Weiblichkeit, Männer seien grundlegend anders (ebd.: 163). Mannsein bedeute, „being different“ (2006: 68), und zwar verschieden von Frauen zu sein.

Diese scharfe, dichotome Konstruktion bildet sich auch in Donovans weiterführenden Ausführungen zum Verhältnis von Männern und Frauen ab. Er bedient sich in seiner Darstellung dabei erneut an Beispielen, die mit Bildern von Natürlichkeit und Beständigkeit verbunden sind. Der Gegensatz von Männlichkeit und Weiblichkeit wird zur Unterscheidung von „Mars [und] Venus“ (2006: 50) oder von „apples and oranges“ (2011: 37; 2014a: 76). Auch die biologischen Funktionen von Männern und Frauen könnten in Donovans Darstellung verschiedener kaum sein: Frauen, wesentlich und in erster Linie gekennzeichnet durch ihre Fruchtbarkeit, warten mehr oder weniger passiv, Männer schreiten aktiv zur Tat und *geben* Leben (ebd.: 101f.). Auch hier gilt also die Wahrnehmung geschlechtsspezifischer Fortpflanzungsfunktionen als Grundlage für eine dichotome Ordnung der Geschlechter.

Diese fundamentale Verschiedenheit von Männern und Frauen begründet für Donovan die Notwendigkeit alltagspraktischer Grenzziehungen. Verschiedene Rollen und Identitäten seien ebenso wie voneinander getrennte soziale Lebenswelten unmittelbare Folge des Geschlechtergegensatzes (2014a: 86, 158). Männer seien für manche Aufgaben prinzipiell besser geeignet, und zwar „aufgrund der Unterschiede zwischen den Geschlechtern" (2016b: 21). Konsequenterweise erklärt er zudem geschlechtergerechte Ideale wie Fairness oder Gleichheit zu illusionären Zielen, da diese die realen Verhältnisse ignorieren würden (2011: 37).

Evolutionstheoretische Annahmen

Donovan argumentiert mitunter von einem geradewegs biologistisch-evolutionstheoretischen Standpunkt. Er zeichnet nach, wie sich körperliche Kraft durch Kampf und Konflikte unter Männern als eine männliche Eigenschaft entwickelt habe, die von Frauen deshalb natürlicherweise besonders honoriert werde (ebd.: 42; 2006: 30). Männer würden zudem um Frauen vor allem deshalb konkurrieren, weil ihnen dadurch Vorteile im Sinne ihres Fortpflanzungsbedürfnisses entstehen (2016b: 132). Von der Frage, inwiefern diese Annahmen zutreffend sind, einmal abgesehen, verschiebt Donovan Männlichkeit und männliches Handeln damit unwiderruflich in den Bereich einer menschlichen Urgeschichte, die eine Reflexion oder gar Veränderungsabsichten hinsichtlich einer Geschlechterpraxis im Hier und Jetzt wenig aussichtsreich erscheinen lässt. „Die Natur ist eben ungerecht" (ebd.: 19), konkludiert Donovan.

Dazu passend schreibt er über einen „Urmodus" (ebd.: 114), der noch immer die Grundlage männlichen Handelns darstelle: „Manche Entscheidungen [...] sind nichts anderes als ein Widerhall von Entscheidungen, die wir vor Tausenden von Jahren getroffen haben" (ebd.: 113f.; vgl. auch 2011: 36; 2014a: 128). Männlichkeit erscheint so in mancher Hinsicht von den Prozessen der Gegenwart in bemerkenswerter Weise losgelöst und vielmehr als eine Verlängerung der Taten der männlichen Väter und Vorväter bis hin zu den vorzeitlichen Urahnen. Dass deren Lebensbedingungen – gerade auch in Hinblick auf geschlechtliche Identität und Praxis – selbstverständlich grundlegend verschieden von denen in einer modernen Gesellschaft waren, lässt Donovan unter den Tisch fallen. Vielmehr verkündet er, wer sich Männern annähern möchte, solle sich die (reichlich ominöse) „grundlegende soziale Ur-Gruppierung" (2016b: 16) ansehen, auf der Männlichkeit bis heute fuße. Diese dient auch als Grundlage seines Plädoyers an Männer, sich in kleinen Banden zu organisieren. Durch die Rückbindung an vermeintlich natürliche Seinsweisen der Menschen gelingt es ihm, dieses Ideal als Ausdruck und Bestreben der männlichen Natur zu setzen: „The tribal thinking is simply the nature of the human beast" (2018b: 78).

Der Weg der Schimpansen

Die biologistische Lesart des Geschlechterverhältnisses durch Donovan bildet sich nicht zuletzt darin ab, dass dieser häufig Menschen mit Tieren vergleicht oder sie gar als solche bezeichnet. Menschen beziehungsweise Männer kommen vor als „soziale Tiere" (2016b: 13; 2011: 28) oder auch einfach nur als „animals" (2014a: 67), als „Säugetiere" (2016b: 19) oder als „Herdentiere" (2017b: 18), als „aufrecht gehende Affen" (ebd.: 22) und als „beasts" (2018b: 102), um nur einige Beispiele zu nennen. Donovan sagt zwar, dass Menschen mehr seien als Tiere (ebd.: 69), zugleich betont er insbesondere auch hinsichtlich des geschlechtlichen Verhaltens wesentliche Gemeinsamkeiten. Zudem dienen ihm die Bezüge in die Tierwelt zur Illustration seiner Auffassungen. So erklärt er die unterschiedlichen Lebensweisen von Männern und

Frauen und deren jeweilige Verwirklichungen in modernen Gesellschaften mithilfe beinahe zoologischer Abhandlungen über Schimpansen – die dem ‚Weg der Männer' folgen würden – sowie Bonobos – eine Schwesterart der Schimpansen, die, so Donovan, den ‚Weg der Frauen' bestreiten würden. Seine Ausführungen hierzu fassen sein Geschlechterbild erstaunlich anschaulich und komprimiert zusammen:

> „People aren't exactly the same as apes, but I think Chimps and Bonobos make revealing metaphors for where we've been, and where we seem to be headed. Bonobos live luxuriously, with access to as much food as they need. Female coalitions check male aggression, and males rarely form tight-knit groups. Males don't know who their fathers are, only their mothers, Sex is, as a bar whore once said to a pal of mine, ‚like shaking hands'. Homosexuality is commonplace because sex is a social activity, and everyone has sex with everyone. It's not about reproduction; sex is about mutual masturbation and having a good time. Sex is a major part of bonobo life. Bonobos are said to be peaceful, and while that may not be completely true, they're definitely matrilineal and exceptionally horny. Chimpanzees form patriarchal hunting groups. The males stick together, and the females end up moving from group to group. Sex is a reproductive activity. Homosexuality is rare. Males dominate females and the males at the top of the male hierarchy control the group." (2014a: 91f.)

Donovans – aus der Sicht der Primatenforschung vermutlich erschreckend simpel geratene – Darstellung der sozialen Organisation der Schimpansen und Bonobos beinhaltet – zumindest recht grobschlächtig – sowohl sein Schreckgespenst als auch sein Idealbild von Männlichkeit. Die Lebensweise der Bonobos symbolisiert für Donovan eine entmannte Gesellschaft: Anstelle des Kampfes um Ressourcen und Sexualpartner herrscht allgemeine Friedfertigkeit und Überfluss. Mann-männliche Solidarität und Vergemeinschaftung kommen kaum vor, dafür besteht eine eindeutig weibliche Dominanzkultur. Sex und Homosexualität sind geradezu überrepräsentiert und dienen in erster Linie als soziale Akte. Demgegenüber – und in Donovans Darstellung dem Bonobo-

Leben tatsächlich diametral entgegenstehend – bildet die Schimpansen-Gesellschaft eine patriarchale Männerkultur ab, inklusive Revierkämpfen, männlichen Zusammenschlüssen und weiblicher Unterordnung.

Für Donovan befinden sich die modernen Männer auf dem besten Wege, in der „Gesellschaft der Bonobos" (2016b: 32ff.) zu versinken. Der Rückgriff auf die Welt der Primaten dient ihm deshalb als Appell an die Männer, sich auf den ‚Weg der Schimpansen' zurückzubesinnen.[34] Darüber hinaus ermöglicht ihm diese Verbindung aber auch, den von ihm präferierten und propagierten Lebensstil als ein urwüchsiges, völlig naturhaftes Phänomen – wie eben bei den Schimpansen – darzustellen.

Und die patriarchale Familie?

Wenig wird vor diesem Hintergrund das praktische Zusammenleben von Männern und Frauen in Ehe und Familie thematisiert. Mit Sicherheit liegt dies zu einem Gutteil an Donovans homosexueller Lebensführung, die mit traditionellen Vorstellungen über das Familienleben – und über das biologische Verhältnis von Mann und Frau – offensichtlich wenig vereinbar erscheint. Dennoch finden

---

[34] In ähnlicher Absicht fordert Donovan von den Männern die „Verwandlung vom zivilisierten Mann zum Wolf" (2017b: 68). Im Gegensatz zum „Hirtenhund" (ebd.: 135) sei der Wolf nur sich selbst und seinem Rudel gegenüber verantwortlich, für das er bis aufs Letzte kämpft – und angreift, wenn er einen Vorteil wittert. Von der Gesellschaft ist er deshalb ausgestoßen und in die Wälder verbannt, wo er als mystisches Wesen umherstreift und nur in dunklen Nächten zurückkehrt, um sich zu holen, was ihm verwehrt wurde. Der Wolf symbolisiert für Donovan den Ausweg der Männer: Zum Barbaren werden – die Absonderung von der Gesellschaft und die Besinnung auf die wilde, ungezähmte männliche Natur: „Du mußt bereit sein, das zu akzeptieren und den Wolfskopf mit Stolz und Trotz zu tragen" (ebd.: 146). Diese teriantrophische Konnotation trägt entsprechend bereits der englische Originaltitel des Buches ‚Nur Barbaren können sich verteidigen', aus dem das Wolfs-Bild stammt: ‚Becoming a Barbarian'.

sich vereinzelte Anleihen, die darlegen, dass Donovan diesen Idealen nicht gänzlich abgeneigt gegenübersteht, wenn sie auch für seine spezifische Konstruktion von Männlichkeit weniger relevant sind.

So ist es eher die patriarchalen Ehe- und Familienkonstellationen eigene Sphärentrennung, der er Bedeutung beimisst. Die überwiegende „Reproduktionslast“ (2016b: 19) ordnet er den Frauen zu, Männer seien hingegen für den Unterhalt der Frauen (und Kinder) verantwortlich (ebd.: 62). Auch eine prinzipiell heterosexuelle Orientierung kann er ausmachen, nach der Männer sich vornehmlich von besonders weiblichen Frauen angezogen fühlen, und umgekehrt genauso (ebd.: 147). Ebenfalls merkt er kritisch an, dass patriarchale Konstellationen in modernen Gesellschaften zunehmend seltener würden. Frauen seien in der Erwerbsarbeit tätig, obwohl es womöglich ihr eigentliches Bedürfnis sei, zuhause die Kinder zu hüten (ebd.: 150; vgl. auch 2011: 18).

Donovan bezieht sich also durchaus auf patriarchale Vorstellungen. Er versteigt sich sogar zu der Aussage, es bestehe „a certain beauty in the timeless dynamic between a husband, a wife, and the children they‘ve conceived together“ (2006: 17). Nicht zuletzt habe die Familie auch einen sehr praktischen Nutzen – als „a means for the continuation of The Brotherhood“ (2014a: 158). Ohne die Familie sei der Fortbestand der Bande gefährdet. Dennoch bleiben diese konkreten Bezugnahmen Randerscheinungen in der Gänze seiner Ausführungen. Ihm fehlt mutmaßlich der persönliche Zugang, sodass die Existenz patriarchaler Ehen und Familien zwar wie ein selbstverständlicher Teil seiner Anschauung wirkt, von ihm aber wenig mit Inhalt gefüllt wird. Nichtsdestotrotz macht männliche Autorität – auch und gerade gegenüber Frauen – einen zentralen Bestandteil seines Denkens aus. Donovan ist ein zutiefst patriarchaler Charakter, wenn auch, was seinen persönlichen Lebensweg angeht, mit ungewöhnlichen Abbiegungen.

3.6. Weiblichkeit(en) – Abwertung, Abwehr, Gegenwehr

Frauen als Objekte und Ressource

Donovans homosexuelle Lebensführung dient ihm ebenfalls dazu, sich in einem distanzierteren, weil hinsichtlich familiärer und sexueller Beziehungsgestaltung weniger abhängigen Verhältnis zu Frauen zu inszenieren. Er selbst ist gerade nicht an der Fortpflanzung der Menschheit beteiligt, dennoch – oder eben deswegen – werden Frauen von ihm wesentlich auf ihre reproduktive Funktion reduziert. Um sich fortzupflanzen, „brauchen" (2016b: 133) Männer Frauen, die zu ihrem „Besitz" (ebd.) werden, schreibt er. In dieser Hinsicht gelten Frauen Donovan als eine „Ressource" (ebd.: 14) unter vielen, wie er in deftiger Sprache formuliert. Zur Veranschaulichung dient ihm etwa die Gründungsmythologie der Stadt Rom, die seiner Ansicht nach auf der Inbesitznahme fremder Frauen durch wilde Männer und einer sich anschließenden Zivilisierung fußt: „Also hat sich Romulus die Frauen einfach *genommen*" (ebd.: 111, Herv. i. O.). Frauen werden hier einzig als Verfügungsgegenstand der Männer betrachtet und ein Subjektstatus, der ihnen einen legitimen eigenen Willen zuspricht, wird ihnen vollständig aberkannt.

Entsprechend beschränkt sind die Eigenschaften, die Donovan an Frauen für wichtig befindet. „Hübsch, charmant und pflegeleicht" (ebd.: 62) sollen sie sein, schreibt Donovan, als würde er Haustiere inserieren. „Attraktivität oder sozialer Charme" (ebd.; vgl. 2006: 69) seien die Kernkompetenzen der Frauen, für das (materielle) Überleben in einer Beziehung zeichnen dagegen die Männer verantwortlich. Die gravierend mangelnde Anerkennung der Frau als (gleichberechtigtes) Subjekt, die in Teilen von Donovans Ausführungen deutlich wird, findet ihren Höhepunkt in einer Reihe sexualisierter Bemerkungen, in denen Frauen lediglich als Objekt männlicher Lust und Befriedigung hervortreten. Die

Bezeichnung „women, the fertile earth“ (2018b: 101) degradiert Frauen zu einem passivierten, die männliche Potenz erwartenden und empfangenden Naturphänomen. In ähnlicher Weise beschreibt Donovan den heterosexuellen Geschlechtsakt aus einer männlichen Perspektive mit den Worten: „dribble their seed into some cow“ (2014a: 102). Die auf Form und Funktion reduzierte Beschreibung des Aktes wird hier sogar noch von der beleidigenden Titulierung der Frauen als ‚Kühe‘ überragt. Am drastischsten sichtbar wird Donovans objektivierender Blick auf Frauen in seiner affirmierenden Wiedergabe eines Zitats eines unbekannt bleibenden Verfassers: „Wenn ich jemandem erlaube, meine Hühner zu stehlen, kann ich ihn genausogut meine Töchter vergewaltigen lassen“ (2016b: 69). Beide Szenarien, der Diebstahl einiger Hühner ebenso wie die Vergewaltigung der eigenen Töchter (!), werden von Donovan hier unterschiedslos als Angriffe auf die männliche Ehre verhandelt. Das dabei subjektiv erfahrene Leid der Mädchen bzw. Frauen spielt keine Rolle.

In Sachen männlicher Ehre offenbart sich der abwertende Blick auf Frauen auch an anderer Stelle. In einem Wettkampf zwischen Männern und Frauen seien nämlich, so Donovan, nicht nur keine Ehrgewinne für Männer zu erzielen. Vielmehr noch sei in der Regel bereits das Einlassen auf eine derartige Konstellation als Verlust von Ehre zu verbuchen. Und eine mögliche Niederlage sei gar entmännlichend (2014a: 75f.). Frauen gelten in dieser Lesart nicht als anerkannte und ehrwürdige Gegenspielerinnen. Ihnen wird generell abgesprochen, den Männern das sprichwörtliche Wasser reichen zu können. Für die Konstruktion von Männlichkeit, die des Wettkampfs mit ehrenvollen „Partner-Gegner[n]“ (Bourdieu 2005: 83) bedarf, könne die Auseinandersetzung mit Frauen also keine Rolle spielen, sondern gar in ihr Gegenteil umschlagen. Männliche Ehre bedeutet nämlich zu zeigen, „daß sie [die Männer] keine Nutten sind, die sich von jedem rannehmen lassen“ (2017b: 82), wie Donovan in Abgrenzung zur weiblichen Ehre, in abermals außerordentlich abwertender und sexistischer Weise formuliert.

Vulnerabilität und männliche Beschützer

Daneben gibt es auch bei Donovan positive Bezugnahmen auf Frauen und Weiblichkeit. Mehrfach betont er, dass er – trotz seines nicht vorhandenen sexuellen Interesses – mit vielen Frauen gut auskomme und manche gar als langjährige und gewichtige Weggefährtinnen anerkenne. Von dieser persönlichen Ebene abgesehen enthält auch seine Konzeption des Geschlechterverhältnisses Raum für Anerkennung von Weiblichkeit(en). Eng verbunden ist dies auch hier mit der sozialen Funktion der Frauen als Mütter. Als solche verkörpern sie „im wahrsten Sinne des Wortes die Zukunft" (2016b: 133), wie er schreibt. Bemerkenswert ist dabei, dass Mutterschaft für ihn wesentlich durch das Erleben von Beschränktheit und Vulnerabilität durch die Frauen gekennzeichnet ist. Bereits die Schwangerschaft mache Frauen per se abhängig von Anderen, steigere ihre Verwundbarkeit und schränke ihre Mobilität ein. Nach der Entbindung seien sie zudem durch Sorgearbeiten ausgelastet und anfällig (ebd.: 19, 61, 132).

Deshalb müssten Frauen anderen Ansprüchen genügen, als dies Männer tun: „Kollektiv betrachtet ist es uns egal, ob eine Frau kräftig ist oder nicht. Eine körperlich schwache Frau gilt nicht als weniger weiblich" (ebd.: 41). Weil Weiblichkeit und Schwäche miteinander einhergehen, würden Frauen eine von der männlichen Perspektive deutlich verschiedene Einstellung zur Welt einnehmen. Unabhängigkeit sei ihnen weniger wichtig, Risiken unerwünscht und Sicherheit ein hohes Gut (2014a: 69). Zudem gehe ihnen die Wehrhaftigkeit ab, die für Donovan, wie weiter oben erläutert, eine zentrale Kompetenz des Männlichen darstellt. Der Griff zu den Waffen, um sich zu verteidigen, stelle für Frauen erst den letztmöglichen Ausweg dar (ebd.: 158).

Die Vulnerabilität der Frauen begründet die Beschützerrolle der Männer, die auch Donovan kennt. In der für ihn typisch biologisierenden Weise erklärt er diese aber nicht in erster Linie mit den gesellschaftlichen Verhältnissen, sondern schreibt ihr einen naturhaften Charakter zu. Sie entwickle sich „naturally" (2006: 68) aufgrund der größeren Körperkraft und Aggressivität der Männer. Interessant ist an dieser Stelle die argumentative Verknüpfung mit der bereits erläuterten Objektivierung der Frauen. Die männliche Praxis, den Feind um seine Frauen zu berauben, ziehe demnach die Verantwortung nach sich, diese anschließend wiederum „vor anderen rivalisierenden Banden zu beschützen“ (2016b: 134). Die Frauen werden gewissermaßen als Kampftrophäen herumgereicht und von ihren jeweilig aktuellen Besitzern verteidigt. Das Beschützen erscheint hier nicht als eine wertschätzende oder gar liebevolle Maßnahme, eher dient es dem Prestigegewinn innerhalb der männlichkeitskonstituierenden Ordnung.

Einflussnahmen auf Männer

Demgegenüber beschreibt Donovan negativ geartete Einflussnahmen von Frauen auf Männer. Solche könnten sich unbeabsichtigt vollziehen, etwa in der Teilhabe von Frauen am Wettkampf. Dieser werde dadurch für Männer entwertet und möglicherweise in „Eifersucht und Spannungen“ (ebd.: 21) und/oder einer besonderen Verschlossenheit der Männer münden (ebd.: 193). Die Argumentation Donovans ist hier keinesfalls innovativ: Männerbünde jeder Couleur rechtfertigen seit jeher in sehr ähnlicher Weise den Ausschluss von Frauen aus ihren Organisationen.

Darüber hinaus beschreibt Donovan wiederholt bewusste Einflussnahmen der Frauen auf die Welt der Männer und die Ausgestaltungen von Männlichkeit (z.B. ebd.: 14; 2011: 38). Nicht zwangsläufig seien dabei allerdings Veränderungen der Männer das primäre Ziel des Vorgehens. Vielmehr stünden die „eigenen Interessen“ (2016b: 174) der Frauen im Mittelpunkt, woraus sich die Beeinflussungen der Männer mitunter notwendigerweise ergeben würden. Es sei unangemessen, den Frauen deshalb einen Vorwurf anzutragen, die – in der Sache den Männern sehr ähnlich – bloß den persönlichen Vorteil zur Maxime ihres Handelns machen: „They are simply female primates, who, like the male of the species, will band together and skew things to their liking if given the opportunity“ (2011: 16). Dass die Interessen der Frauen dabei mit männlichen Bedürfnissen und Ambitionen konfligieren, liege – wortwörtlich – in der Natur der Dinge.

Dennoch findet sich in Donovans Ausführungen immer wieder auch eine Wut über die Frauen und ihr Handeln. In Anlehnung an Vertreter der antifeministischen Männerrechtsbewegung fällt er in deren Jeremiaden ein und beklagt, dass Frauen die Männer dazu drängen, „den Weg der Bande aufzugeben“ (2016b: 162), und sie „aus dem ruhelosen Bandenleben in die häusliche Sicherheit und Bequemlichkeit“ (ebd.: 170) locken würden. Donovan wittert eine große Verschwörung: Frauen und „das *Big government*“ (ebd.: 175, Herv. i. O.) würden gemeinsam an einer Welt des Friedens und der Sicherheit werkeln, in der das männliche Bedürfnis nach Risiken und Auseinandersetzung zu entfalten nicht mehr möglich sei. Zu diesem Zweck hätten sie „massive organizations“ (2014a: 66) etabliert, die steuerfinanziert die Agenda der Frauen durchsetzen und über männliche Interessen gnadenlos hinwegschreiten würden. In geradezu klassisch antifeministischer Tradition liefert Donovan obendrein Horrormärchen über von ihren Ex-Frauen unterdrückte und finanziell ausgebeutete Scheidungsväter (ebd.: 65).

Obschon die Frauen, wie Donovan meint, lediglich ihren eigenen natürlichen Bedürfnissen folgen würden, bedrohen sie die männliche Welt in ihren Grundfesten. Die zunehmend bessere gesellschaftliche Stellung von Frauen wird damit zu einem manifesten Problem. Donovan konzipiert den ‚Weg der Frauen‘ so als einen Gegenentwurf zur männlichen ‚Lebensart‘, der zu dieser nicht parallel existieren kann, sondern sie entscheidend beeinflusst und ihre Durchsetzung verhindert. Dieser Konstellation sich anzupassen, würden sich Männer (mitsamt ihrer Geschlechtervorstellungen) heutzutage gezwungen sehen: „The new way of women called for a new way of men“ (2011: 13).35

Unbedingte Abwehr von Weiblichkeit

Donovan umreißt damit die von ihm ausgemachte Verweichlichung und ergo Verweiblichung der Gesellschaft. Seiner Ansicht nach sind moderne Gesellschaften weitgehend im Sinne der Frauen eingerichtet und weisen einen insgesamt femininen Charakter auf: „The 21st Century is characterized by an inescapable culture of feminine flattery and baseless, shameless self-affirmation“ (2018b: 74). Weiblichkeit gilt ihm dabei als Synonym für Schwäche, die er den modernen Gesellschaften ankreidet, etwa wenn er „Kennzeichen erschlaffter, gescheiterter und *verweiblichter* Kulturen“ (2017b: 114, Herv. S.V.) ausmacht.

Offensichtlich stehen diese damit im Widerspruch zu seinen eigenen Vorstellungen von Gesellschaft. Die Abwehr entsprechend konnotierter Eigenheiten nimmt deshalb in seinem Verhältnis zu Weiblichkeit eine zentrale Rolle ein. Über die Ablehnung einer als verweichlicht wahrgenommenen Kultur hinaus propagiert Donovan ein männliches Ideal, das jede Assoziation mit Weiblichkeit entschieden von sich weist. Es umfasst den gesamten Mann, seine Körperlichkeit und sein Verhältnis zur Welt. Erfolg beziehungsweise Scheitern am Ideal zeigen wiederum die Stellung unter den Männern an: „Gesten, Körperhaltungen und Tonlagen, die unter Männern als ‚weibisch‘ wahrgenommen werden, sind nichts anderes als Gesten, Körperhaltungen und Tonlagen, die Unterwürfigkeit kommunizieren“ (2016b: 81). Donovan zufolge seien Männer permanent darauf bedacht, dass ihr Verhalten nicht als weiblich identifiziert wird. Diese Maßgabe leite ihr Denken und Handeln: „Men some-

[35] Detaillierte Einblicke in Donovans Ausführungen zu den Frauen als vermeintliche Krisenbeschwörerinnen und Gegenspielerinnen der Männer finden sich in Kapitel 3.8.

times avoid activities that seem trivial, simply because they are associated with women or effeminate men" (2011: 30).

Die unbedingte Anforderung der Abwehr von Weiblichkeit schreibe sich auch ein in die Beziehungsgestaltung zwischen Männern. Einerseits betont Donovan, wie emotional und gar leidenschaftlich mann-männliche Verbindungen mitunter sein könnten. Andererseits stellt er heraus, dass in diesen Beziehungen jedoch keine wechselseitige Unterwerfung stattfinden dürfe – wie dies in innigen verschiedengeschlechtlichen Beziehungen oft der Fall sei. Solche Unterwerfungen seien schließlich ein Zeichen von „defeat, dishonor and weakness" (2013: 13) und mithin Weiblichkeit. Eine wesentliche Prämisse für die Beziehungen von Männern sei daher, dass Männlichkeit darin affirmiert und vergewissert, nicht aber in Frage gestellt wird: „They must remain men" (ebd.).

Unmännliche Männer

Parallel zur strikten Abwehr von Weiblichkeit grenzt sich Donovan deshalb stark von Unmännlichkeit ab. Während erstere sich eher auf einer konzeptionell-symbolischen Ebene vollzieht, ist letztere dagegen an konkrete andere Männer gebunden. Gewissermaßen als Prototyp eines unmännlichen Mannes nennt Donovan mehrfach den Soziologen und Männlichkeitsforscher Michael Kimmel.[36] Er schreibt über diesen: „Seine Handgelenke sind schlaff, seine Gesten fahrig, sein Auftreten prätentiös" (2016b: 82). Kimmels Gestik und (körperliches) Verhalten, seine ganze Erscheinung wirkt auf Donovan schwächlich und unsicher und deshalb unmännlich. Ein solches Auftreten sei eines Mannes generell unwürdig und hochgradig unangemessen (2011: 31). Zugleich kritisiert Donovan, dass Unmännlichkeit verstanden in diesem Sinne zu einer sozialen Norm geworden sei: „I understand that it has become socially

[36] Kimmel ist Professor für Soziologie in den USA und eine international anerkannte Koryphäe in den Masculinity Studies, die er wesentlich geprägt hat. Er gilt als Vertreter einer profeministisch orientierten Männerarbeit.

acceptable, even fashionable, for men to be slender and delicate“ (2014a: 111).

Unmännlichkeit besteht für Donovan nicht nur im Scheitern an männlichen Verhaltensregeln, sondern auch in der aktiven Arbeit gegen eben diese. Kimmel habe nicht zufällig ein unmännliches Erscheinungsbild, vielmehr sei er ein „Musterbeispiel für einen Mann, der keinen Hehl daraus macht, wie entschieden er die Tugenden der Männerbande ablehnt“ (2016b: 82). Sein Verhalten sei eine aktive Verweigerung der Gesetze und Gebote der Männlichkeit und seine Konzeption von Männlichkeit stünde der von Donovan radikal entgegen: „Kimmel‘s profeminist men is a no-man“ (2011: 15).

Unmännlichkeit stellt für Donovan ein Problem dar, weil sie seinem aspirierten Ideal einer nach männlichen Prinzipien eingerichteten Gesellschaft entgegensteht. Als Abgrenzungs- und Negativbeispiele nehmen unmännliche Männer aber auch einen spezifischen Nutzen für die Konstruktion von Männlichkeit ein. Die Abgrenzung würde darüber hinaus eine potentielle Gefährdung der Gruppe der ‚wahren‘ Männer durch die ‚unmännlichen‘ Männer verhindern: „Ein Mann, der die Ehrenkodizes seiner Gruppe offen ablehnt, wird ihr kaum zu Hilfe eilen, wenn der Ernstfall eintritt. Er ist nicht vertrauenswürdig“ (2016b: 82).

Als praktische Konsequenz kann für Donovan nur der Ausschluss der unmännlichen Männer stehen:

> „Indem die Gruppe die effeminierten Männer ausschließt oder sie durch Beschämung an ihren Rand drängt, demonstriert sie nach außen hin Kraft und Einheit. Ihre Botschaft lautet: ‚Wir dulden hier keine unmännlichen Männer‘. […] Wenn sie verweiblichte Männer aus ihrer Mitte stoßen, dann verstoßen sie die Schwachheit an sich, reinigen sich von ihrem zersetzenden Stigma.“ (ebd.: 83)

Erneut werden Effeminierung, Unmännlichkeit und Weiblichkeit hier zusammen verhandelt. Der Ausschluss diene der inneren und äußeren Festigung der Männergemeinschaft und wird einmal mehr von einem spiritualistisch angehauchten Vokabular umrahmt: Er gleiche einer Reinigung (!) von der Schwachheit an sich (!).

3.7. Homosexualität – weitgehende Ablehnung, spezifische Aneignung

Little Girls

Eine emphatische Ablehnung der ‚gay culture' folgt bei Donovan auf dem Fuße. Denn seiner Auffassung zufolge orientiere sich auch die schwule Kultur allzu sehr an einem weiblichen Lebensstil und einer entsprechenden Symbolik. ‚Gayness' sei deshalb unwiderruflich an Weiblichkeit gebunden:

> „The word *gay* connotes effeminacy. There's no getting around it. […] Colors like pink and lavender, colors most frequently associated with little girls, are also widely associated with the gay movement – that certainly doesn't do anything to contest associations with effeminacy. […] It's almost as if they *want* to be perceived as being especially effeminate, despite their occasional and unconvincing statements to the contrary. Today, the word *gay*, like *fag*, is still frequently used as a schoolyard taunt meaning effeminate, prissy, weak or foolish […]. Why would a man who values his masculinity, who wants to be taken seriously by other men, want to identify himself as gay?" (2006: 27f., Herv. i. O.)

Das Beispiel der Farbgebung dient Donovan hier zur Veranschaulichung. Rosa und Lavendel, allgemein als helle und seichte Farben bekannt, würden ebenso mit der Schwulenbewegung assoziiert wie mit „little girls" – und dies sei von vielen Schwulen offenbar beinahe beabsichtigt. Die Verbindung sei derart weitreichend, dass ‚gay' ein geläufiges Schimpfwort ist, das auf Eigenschaften abzielt, die weiblich besetzt sind.

Die Zugehörigkeit zur homosexuellen Subkultur wird von Donovan dementsprechend entschieden zurückgewiesen. Sie sei Teil einer früheren Identität, die er inzwischen überwunden habe, ihm aber Einblicke und Einschätzungen nach wie vor ermöglicht: „I know the gay community from the inside out. My critique of gay culture doesn't come from an outsider's ignorance; it comes from an insider's knowledge" (2006: 11). Donovans Bestimmung des Verhältnisses von Homosexualität und Männlichkeit ist wesentlich von seinen eigenen Erfahrungen und Positionierungen als homosexueller Mann geprägt, die von ihm in seine theoretischen Überlegungen einbezogen werden.[37] Wenn er sich auch nicht als Teil der ‚community' versteht, kann er so zumindest ihr politisches Anliegen in Teilen nachvollziehen. Solche solidarischen Bezugnahmen beschränken sich allerdings auf ein Minimum und gehen kaum über die Anerkennung einer Realität der Bedrohung und Unterdrückung, die Homosexuelle erfahren (ebd.: 20, 31), und einer darauf bezogenen Existenzberechtigung des ‚Gay Rights Movement' (ebd.: 31) hinaus.

Keine schwule Identität

Vielmehr kennzeichnet vor allem die strikte Abwehr alles Weiblichen Donovans Verhältnis zu seiner Sexualität. Die Selbstidentifizierung als schwul lehnt Donovan kategorisch ab:

> „I am not gay, and while I do experience a sense of camaraderie with some men who identify as gay, I reject membership in what is known as the gay community – which

[37] Diese entfaltet er nahezu ausschließlich in seinem bereits 2006 erschienenen ersten Buch ‚Androphilia'. In den nachfolgenden, dieser Arbeit ebenfalls zugrundeliegenden Texten wird das Thema Homosexualität annähernd vollständig ausgespart. Dieser Umstand lässt sich auf zwei Weisen interpretieren. Erstens ist es denkbar, dass Donovan mit ‚Androphilia' gewissermaßen sein sexualpolitisches Grundlagenwerk geschaffen hat, das keiner zusätzlichen Explikationen in weiteren Texten bedarf. Zweitens ließe sich mutmaßen, dass mit der Weiterentwicklung seiner Männlichkeitskonzeption homosexuelle Identität doch zu einem Problem innerhalb seiner Theorie geworden ist, das deshalb von ihm nicht weiter bearbeitet wird. Beides ist in gewisser Weise richtig: Vor allem sind Donovans Ansichten über Homosexualität an seinen Männlichkeitsentwurf bestens angepasst. Zugleich distanziert sich Donovan mittlerweile ansatzweise von einigen der in ‚Androphilia' formulierten Gedanken. Deshalb habe er 2017 den Druck des Buches stoppen lassen (o.J. a).

today seems to include almost anyone who doesn't have husband-on-wife-sex in the missionary position with the lights out. I am not gay because the word gay connotes so much more than same-sex desire. The word *gay* describes a whole cultural and political movement that promotes anti-male feminism, victim mentality, and leftist politics. As a man, why should I treat men as oppressors and masculinity as a universal evil? Why must I constantly think of myself as a struggling minority when I'm doing fine? And what does socialism have to do with who I think is hot?" (ebd.: 18, Herv. i. O.)

Donovans Standpunkt ist eindeutig: Trotzdem er Männer begehrt, ist er nicht schwul. Denn Schwulsein gilt ihm als untrennbar mit schwuler Subkultur verbunden, deren kulturelles und politisches Wirken er verachtet. Die seiner Ansicht nach mit schwuler Identität verknüpften Eigenheiten und politischen Verortungen lassen für ihn keinen anderen Schluss zu als die angesichts seiner sexuellen Präferenz zunächst paradox erscheinende Behauptung: „I am not gay". Auch seine spöttische Bemerkung, dass jede über den klassisch heterosexuellen Geschlechtsakt hinausgehende sexuelle Tätigkeit als schwul gelte, bestärkt den Eindruck, dass er seiner eigenen sexuellen Identität eine spezifischere und selbstgewählte Bedeutung zukommen lassen möchte.

Donovan wehrt sich gegen die Idee, dass an die Eigenschaft, als Mann Männer sexuell zu begehren, eine eigene soziale Identität geknüpft zu sein scheint. Homosexualität werde damit geradezu zu einer eigenständigen „ethnicity" (ebd.) überhöht und so als politisches Instrument zweckentfremdet, um einen vorteilhaften „minority status" (ebd.: 26) in Anspruch zu nehmen. Dies sei seiner Ansicht nach nicht gerechtfertigt, weil es sexuelle Identität damit ungeachtet anderer individueller Merkmale zur bestimmenden Identitätsdimension erhebt und eine entsprechende politische Agenda als alternativlos erscheinen lässt. Donovans Ablehnung dieser Denkweise spiegelt sich unter anderem in der Titulierung ihrer Überwindung als (sexuell) befreiend:

„[...] the next step in sexual liberation is to challenge the idea that sexuality creates ethnicity – to do away with the

> assumption that a man who prefers men is a separate, essentially different sort of man, a *gay man*, whose sexuality determines his interests, his politics and the way he expresses his gender. The idea that same-sex-oriented men are not true men is perhaps the most deeply ingrained and most limiting prejudice they face, and it is one that the gay identity only reinforces by socially segregating men into two groups – straight and gay.“ (ebd.: 44, Herv. i. O.)

Damit ist ein zentrales Problem Donovans mit der seiner Ansicht nach allgemeingültigen Definition von ‚gay‘ benannt: Indem sie eine eigene schwule Identität kreiere, würden schwule Männer nicht mehr als Männer, sondern als Schwule gelten. Dies ist für den leidenschaftlichen Männlichkeitsfetischisten nicht nur persönlich nicht zu ertragen, sondern widerspricht auch seiner Konzeption ubiquitärer Männlichkeit, die in erster Linie über soldatische Werte definiert ist und eine bestimmte sexuelle Präferenz nicht per se vorschreibt. Weil schwule Identität aber gemeinhin als von männlicher Identität verschieden verstanden werde, ist sie mit Donovans Ansinnen, Homosexualität und Männlichkeit zusammen zu denken, nicht vereinbar. Ihm widerstrebt zudem die Gemeinsamkeit der unter dem Label ‚gay‘ versammelten Gemeinschaft, die er als weitaus inhomogener erlebt als sein Verhältnis zu heterosexuellen Männern:

> „I have virtually nothing in common with most members of a gay community that includes lesbians, queens and transsexuals of all religions, nationalities, and races. They are not my *family*. They are not *my people*“ (ebd.: 18, Herv. i. O.).

Donovans ‚people‘ sind hingegen ‚die Männer‘. Eben deshalb stellt es für ihn ein besonderes Problem dar, dass schwule Identität vielfach mit effeminiertem Denken und Handeln in Verbindung gebracht wird. Die schwule Subkultur sei sowohl von „feminists and shrill male women“ (ebd.: 63) dominiert als auch verlange sie, die Existenz einer „intrinsic effeminacy“ (ebd.) als Teil von Homosexualität wahrzunehmen und zu akzeptieren. Die Abwehr einer solchen innerlichen Weiblichkeit gelte als „internalized homophobia“ (ebd.). Donovan hingegen meint, ein Ausdruck internalisierter

Homophobie sei vielmehr die Übernahme der Anforderung, weiblich zu sein, verbunden mit dem Gebot, sich als nicht vollends wahrhaftiger Mann zu begreifen (ebd.).

Für Donovan schließen sich männliche Homosexualität – als das grundlegende gleichgeschlechtliche sexuelle Begehren von Männern – und Männlichkeit keinesfalls aus – vielmehr allerdings schwule Identität und Männlichkeit: „Gay culture is a reproach to manly men" (ebd.: 104). Sie verhindere, dass Männer sich wie Männer verhalten und fördere stattdessen eine weiblich-effeminierte Kultur unter ihren Mitgliedern. Männliche Ideale oder Vorbilder würden ihr gänzlich abgehen, stattdessen bringe sie oberflächliche Beschäftigungen und eine Kultur des Nihilismus und Relativismus sowie indifferente Verhaltensweisen der Männer hervor (ebd.: 75, 93). Männlichkeit selbst existiere in der schwulen Subkultur einzig als fetischisiertes Objekt sexuellen Begehrens: „as a pose, as a vulgar caricature of men" (ebd.: 94). Die Differenz zum karikierten Ideal werde dabei aber allzu augenfällig: Nicht etwa ein männliches Verhalten sei an erster Stelle gefragt, sondern ein bestimmtes Aussehen (ebd.: 105). Männlichkeit erscheine mithin nicht mehr als Ideal geschlechtlicher Identität, sondern werde zu einem sexuellen Fetisch unter vielen degradiert. In der schwulen Subkultur würden Männer letztlich in einer Weise objektiviert, „that man have always objectified women" (2014a: 95).

Henze beschreibt die von Donovan repräsentierte Denkweise mit dem Begriff „schwuler Selbsthass" (2014: 214). Der Begriff zielt auf das bei schwulen Männern zu bemerkende Zusammenfallen von Erleben schwulenfeindlicher Marginalisierung einerseits und Internalisierung der Schwulenfeindlichkeit andererseits, das zu einer Ablehnung von als „zu schwul" (ebd.), sprich weiblich klassifizierten Merkmalen bei anderen Schwulen und bei sich selbst führt und ein Ausgrenzungsbedürfnis bis hin zum offenen Hass hervorruft. Leitend seien dabei nicht Wertmaßstäbe der schwulen Subkultur selbst, sondern „gesellschaftliche Vorstellungen von Normalität und ‚echter' Männlichkeit" (ebd.: 216f.). Geradezu beispielhaft vollzieht sich bei Donovan diese Ablehnung weiblicher

Anteile an der eigenen sexuellen und geschlechtlichen Identität und führt zu einer Orientierung an idealisierten und normativen Männlichkeitsentwürfen.

Homophobe Deutungsmuster

Infolgedessen finden sich trotz Donovans Homosexualität homophobe Motive und Deutungsmuster in seinen Ausführungen. So bezieht er etwa pädosexuelle und päderastische Beziehungen in seine Definition von Homosexualität ein und bedient damit das klassisch homophobe Bild von schwulen Männern, die sich an heranwachsenden Jungen vergehen (2006: 23). Auch seine Aussage, er habe schon viele sexuelle Belästigungen heterosexueller Männer durch Schwule beobachten können, schließt an ein weit verbreitetes Vorurteil an (ebd.: 89). Seine Schilderung des Straßenlebens von Manhattan in den 1990er Jahren – „homosexuality was inescapable“ (ebd.: 29) – liest sich wie die typischerweise gnadenlos aufgeblähte Glosse eines beliebigen Anti-Homo-Aktivisten.

Schwule Männer seien an ihrer Lage beziehungsweise an den von ihnen beklagten Missständen weitestgehend selbst schuld, muss man nach der Lektüre Donovans schließen. Sie würden sich in ihrem „gay dream“ (ebd.: 97) verschanzen und sich mit Oberflächlichkeiten abgeben, während männliche, heterosexuelle Männer sich weiter- und fortentwickeln. Anstatt sich gegen mögliche Diskriminierungen zur Wehr zu setzen, würden sie sich ihrem Schicksal weinerlich ergeben (ebd.: 40) oder sich in offener Verachtung gegenüber heterosexuellen Männern ergehen (ebd.: 89). Die von Donovan hier kolportierten Bilder über Schwule fallen wiederum mit seiner Abwehr von Effeminität und Unmännlichkeit zusammen.

Diese Eigenschaften wiederum begründen für ihn maßgeblich die Abneigung, die Homosexuelle erfahren. Es handele sich seiner Ansicht nach dabei nicht um ein ideologisches Ressentiment, sondern um eine bloße Geschmacksfrage:

> „I see nothing wrong with disliking effeminacy or gay culture. I see this as a matter of taste, not always as a manifestation of some internalized or externalized ‚homophobia', as it is often portrayed by gays attempting to shame those who don't find them as amusing as they find themselves" (ebd.: 48).

Diskriminierung und Feindschaft gegenüber Schwulen kommt hier nicht mehr als Ausdruck einer politischen Ungleichheitsideologie und deshalb als manifeste Bedrohung in den Blick. Die Schreibweise des Wortes ‚homophobia' in Anführungszeichen spricht Bände: Es erscheint in diesem Kontext regelrecht als eine Erfindung einiger beleidigter Schwuler. Wenn schwule Männer nicht mehr diskriminiert werden wollen, könnten sie einfach ihren Lebensstil ein wenig ändern und das Problem löse sich von selbst, ist die relativierende Logik Donovans an dieser Stelle.

Relativierung von Homosexualität

Ebenso wie Homophobie bei Donovan also eine spezifische Relativierung erfährt, gilt dies im Prinzip auch für Homosexualität respektive sexuelle Identität an sich. Homosexuelles Begehren gilt ihm „as a variation in desire" (ebd.: 21) – nicht mehr und nicht weniger. Dies ließe sich sicherlich als prinzipiell fortschrittlicher Gedanke auffassen, der nicht-heteronormatives Begehren unaufgeregt als selbstverständlichen Teil des gesellschaftlichen Konsens etablieren will – wären da nicht die von Donovan wieder und wieder formulierten Bedingungen an homosexuelle Männer, sich zugleich einer streng regulierten männlichen Norm zu unterwerfen oder andernfalls Ausgrenzung und Ausschluss ertragen zu müssen. Eindeutig steht bei Donovan die Furcht, nicht als Mann zu gelten, hinter seiner Bagatellisierung sexuellen Begehrens, welche sich deshalb durch seine Ausführungen zieht und verschiedene Ausformungen annimmt.

Die geringe Bedeutsamkeit, die Homosexualität für ihn einnehme, erläutert er etwa in einer kurzen Passage über sein

Coming Out. Seiner Erzählung zufolge sei dieses „by accident“ (ebd.: 30) geschehen und habe für ihn keinesfalls eine besonders gewichtige, emotional aufwühlende oder gar lebensverändernde Rolle eingenommen: „I remember feeling inconvenienced by having to address it as if it were some ‚big deal‘. To me, it really wasn‘t“ (ebd.: 30). Ob dies nicht in erster Linie eine nachträgliche, herunterspielende Rahmung des Geschehens darstellt, sei einmal dahingestellt. Die Botschaft der Textstelle wird trotzdem klar: die erneute Negierung von Homosexualität als identitär bedeutsame Komponente.

Das Besondere an Homosexualität sei dementsprechend allein der Umstand, dass sich das sexuelle Begehren auf Personen des gleichen Geschlechts richtet. Um aber auch dieser Besonderheit keine allzu großen Auswirkungen zuzusprechen, formuliert Donovan eine nüchterne, zurückhaltende Einordnung von Sexualität: „Sex is great, and it‘s part of life. But it‘s merely *part* of life“ (ebd.: 9, Herv. i. O.). Auch hinsichtlich konkreter sexueller Praktiken argumentiert er in ähnlicher Weise:

> „Every man loves his own cock; is it really that much of a stretch to enjoy someone else‘s? That hardly indicates effeminacy. Women actually tend to be a bit squeamish about cocks. It's men who *really* appreciate them. The role a man plays during sex, or whom he has sex with, are poor ways to gauge his masculinity […], what a man *does* outside of the bedroom is a far better measure of his masculinity. […] Homos just have to work exponentially harder to disprove the womanly stereotype.“ (ebd.: 53f., Herv. i. O.)

Zunächst bemüht Donovan sich die oftmals unterstellte Verbindung von Homosexualität und Effeminität gewissermaßen umzukehren. Männer würden – schon aufgrund ihrer eigenen körperlichen Ausstattung – weitaus weniger Berührungsängste mit dem Penis haben als Frauen. Ein sexuelles Interesse an Männern und ihrem Geschlechtsorgan sei deshalb doch eher als genuin männliche Eigenart einzuordnen, lautet zumindest die subtile Botschaft dieses Gedankenspiels. Auch im anschließenden Teil folgt eine Umkehrung des gesellschaftlichen Vorurteils verweichlichter Homosexueller. Diese würden sich vielmehr durch besonders harte, sprich männliche Arbeit auszeichnen, um sich gegen Effeminierungen zu wehren. An anderer Stelle argumentiert er außerdem, dass auch erfolgreiche, heterosexuelle Männer an sexueller Unterordnung und analer Stimulation Gefallen finden würden. Im Umkehrschluss könne homosexuellen Männern nicht auf dieser Grundlage ihre Männlichkeit abgesprochen werden (ebd.: 52).

In Donovans Anschauung sind homosexuelle Beziehungen zwischen Männern also idealerweise einfach um eine sexuelle Komponente erweiterte enge Männerfreundschaften (ebd.: 135). Die wechselseitige Anerkennung und Bewunderung sei grundlegend die gleiche wie unter heterosexuellen Männern, hinzu komme einzig eine sexuelle Faszination für männliche Qualitäten (ebd.: 24). Die Unterschiede zwischen hetero- und homosexuellen Männern seien entsprechend marginal und folgenlos. Lediglich der Umstand, dass für letztere keine väterlichen Pflichten entstehen, führe zu geringen Unterschieden in der Lebensführung (ebd.: 117). Donovans Konzeption von Männerfreundschaft beinhaltet darüber hinaus aber ohnehin eine innige und leidenschaftliche Zuneigung untereinander, die durchaus auch körperlich sein kann, in nicht-homosexuellen Konstellationen aber platonisch verbleibt. Entsprechend formuliert er: „There is something distinctly fraternal in the emotional exchange between two men over time, *even* if their relationship is sexual“ (ebd.: 132, Herv. S.V.). Die Anordnung der Satzteile stellt klar: Die brüderliche Verbundenheit zweier Männer ist der Normalzustand, eine sexuelle Beziehung hingegen der Zusatz, der das Arrangement gegebenenfalls und ohne besondere Auswirkungen ergänzt. Analog nennt Donovan seinen Lebensgefährten „compadre“ (ebd.: 10) – einen ‚Kumpel‘.

Androphilie – Liebe zur Männlichkeit

Donovan bezeichnet sich selbst als „androphile“ (ebd.: 21). Dies ist sein Gegenentwurf zum Schwulsein, sein favorisiertes Konzept von Homosexualität. Wörtlich übersetzt heißt es so viel wie die Liebe zu

Männern. Donovan spricht ferner von der „love of what men embody, of masculinity itself" (ebd.). Androphilie in der Konzeption Donovans ergibt sich so aus dem Zusammenspiel von abstrakter Faszination für Männer und Männlichkeit und der in einer entsprechenden Praxis mündenden Zuneigung zu konkreten Männern: „I favor men, and I have chosen to live with and love another man. That is my preference and my pleasure" (ebd.. 17). Er grenzt den Begriff folgerichtig von einem bloßen Begehren gleichgeschlechtlicher Personen ab und betont dessen auf Männer gerichteten Charakter: „a specifically masculine sense of desire" (ebd.: 28). Sein sexuelles – und amouröses – Interesse gilt explizit nicht einem geschlechtlichen Gegenüber, sondern im Gegenteil Männern als Abbilder seiner selbst, seines eigenen Wesens. Donovan liebt Männer, weil sie ihm ähnlich sind (ebd.: 48).

Damit grenzt er sich zum wiederholten Male auch von einer effeminierenden Lesart von Homosexualität und einem ausschließlich polaren Verständnis von Sexualität insgesamt ab: „Sex between men doesn't have to be viewed according to the male/female polarities" (ebd.: 53; vgl. auch ebd.: 49). Die Beziehung zweier Androphiler sei von einem beiderseitigen Interesse explizit am männlichen Charakter des Anderen geprägt. Die Rollenzuschreibung einer femininen Position in diesem Verhältnis sei deshalb weder notwendig noch angemessen. Im Gegenteil sei es gerade eine besondere Anziehungskraft des Männlichen, die Androphile begehren. Zudem würden homosexuelle Handlungen auch bewusste Willensentscheidungen der Androphilen darstellen. Donovan benutzt den Begriff der „preference" (ebd.: 26), den er gegen ein bloßes schicksalhaftes Ergeben in eine bestimmte Identität setzt. Androphilie sei eine Entscheidung für das Ausleben von Homosexualität. Er reproduziert damit das Ideal rational handelnder und selbstidenter Männer und überantwortet ihnen, für ihr eigenes Wohlbefinden zu sorgen und entsprechende Konsequenzen zu tragen:

> „Instead of casting them as victims of circumstances, preference empowers them to take responsibility for making

> the choices that are most fulfilling for them and that will lead to their own personal happiness" (ebd.: 27).

Androphilie wird von Donovan so als Auftrag formuliert. Die seinerseits nachdrücklich abgelehnte schwule Identität soll als scheinbar einzige Option für homosexuelle Männer durch eine Praxis ersetzt werden, die gleichgeschlechtliches Begehren und maskulines Verhalten miteinander vereint. Im Zentrum dieser Praxis steht deshalb weniger Sexualität, sondern an vorderster Stelle die Geschlechtsidentität:

> „By truly *being men* – by taking back our masculinity, by reclaiming male culture and heritage as our birthright, by becoming true men of masculine character, by striving toward a masculine ideal and earning the respect of other men – *androphiles* can actively change what it means to be a man who loves men." (ebd.: 120, Herv. i. O.)

Bemerkenswert ist, dass Donovan von einer Rückkehr zur Männlichkeit spricht. Er unterstellt, dass diese den homosexuellen Männern von der schwulen Subkultur förmlich geraubt wurde. Männlichkeit erscheint so einmal mehr als eine natürliche Qualität, die den Männern wesenhaft zukommt und von ihnen entwickelt werden muss. Androphilie stelle zu einem großen Teil eben diese Herausforderung dar – „a challenge to embrace masculinity" (ebd.: 12). Diese Aufgabe sei prinzipiell an alle Männer gerichtet, werde von schwulen Männern aber verschmäht. Umso bedeutsamer schätzt Donovan es für Androphile ein, sich Respekt, Anerkennung und Bewunderung von anderen Männern zu erarbeiten.

Androphilie beschreibt für Donovan folglich das Tun und Wirken von Männern „beyond simply being gay" (ebd.: 87). Im Zentrum stehe eine „culture of personal achievement" (ebd.), die (männliches) Handeln honoriert und nicht bloß die Existenz eines sexuellen Begehrens abseits der Norm. Weil es androphilen Männern gestattet sei, sich tagaus, tagein mit Männern, Männlichkeiten und ihrem Mannsein zu beschäftigen, anstatt den gleichen Pflichten wie denen heterosexueller Männer nachzukommen, könnten sie sich geradezu zu Vorzeige-Männern entwickeln (ebd.: 88, 116; vgl. auch Kapitel 3.1.). Kritisch zu fragen ist allerdings, ob

Donovan mit der Konstruktion des Konzepts ‚Androphilie' – wenn auch anders intendiert – nicht ebenfalls ein eigenständiges Identitätsangebot kreiert, das sehr wohl an eine bestimmte Form sexuellen Begehrens gekoppelt ist, und damit sein eigenes Ansinnen hintergeht, der Sexualität als Marker von Identität entgegen-zuwirken.[38]

Dagegen fordert Donovan wiederholt, Androphile eben nicht als gesonderte Männer zu betrachten, sondern als „brotherhood within the larger brotherhood of men" (ebd.: 117). Er schreibt:

> „*Androphiles* don't need a distinct common culture, because their common culture and heritage is the one they share with other men. I see androphiles as a loose network of men who love men and who love being men, and as a result share some common interests and concerns. There is a long tradition of men forming fraternities based on common interests that do not define their lives, but merely enrich them. [...] *Androphilia* should never be a *raison d'être*; it shouldn't be your whole life and your whole identity, but merely an enjoyable part of what makes you the man you are." (ebd.: 118, Herv. i. O.)

In Donovans Vorstellung kommt die Gruppe der Androphilen quasi einer unverbindlichen Interessengemeinschaft gleichgeschlechtlich begehrender Männer gleich, deren loses Netzwerk die Möglichkeit sexueller und amouröser Kontakte bietet. Eine positive Bezugnahme auf Androphilie als Identitätsmerkmal wird von ihm ausgeschlossen. Ein wenig böswillig könnte man formulieren, dass Donovans Konzeption androphiler Vergemeinschaftung so wie ein hilfloser und strukturell zum Scheitern verurteilter Versuch wirkt, das eigene Anderssein zugleich anzuerkennen und möglichst weitgehend

---

[38] Als sei ihm dieser Gedanke auch gekommen, verkündet Donovan neuerdings, sowohl diese Identität als auch die zugehörige Sexualität transzendiert (!) zu haben. Er schreibt: „I prefer to be defined by my own accomplishments and to be known for my commitment to helping men navigate the challenges of living a masculine life in the 21st Century. I do not promote or discourage homosexuality. I do encourage stable, accomplished men who want children to find a woman and start families. I'm convinced at this point that it is probably the best life for most men. My path has always been different" (o.J. a).

herunterzuspielen. Die Orientierung an der gesellschaftlich hegemonialen Norm verhindert eine selbstbewusste identitäre Positionierung abseits derselben. Mit Henze ließe sich von einer „negativen Identität" (2014: 219) sprechen, die sich durch „das Paradox, Schwulsein ohne die spezifischen Momente des Schwulseins leben zu wollen" (ebd.) ergebe.

3.8. Krisendiskurs – Männlichkeit vor dem Ende?

Gesellschaftliche Ächtung der Männlichkeit

In Donovans Texten steht die ‚Krise der Männlichkeit' sehr zentral. Seiner Ansicht nach entsprechen gegenwärtig nur sehr wenige Männer seiner geschlechtlichen Idealvorstellung. Der Begriff der Krise ist insofern zutreffend, als Donovan tatsächlich sein Ideal als Maßstab setzt, von dem abzuweichen er als problematisch begreift. Dabei bedient er sich der maskulistischen Lesart, wonach die Krise Resultat einer gegen Männer gerichteten gesellschaftlichen und politischen Praxis ist. Er spricht mithin von der „*Ächtung* der Männlichkeit" (2016b: 128, Herv. i. O.):

> „Frauen und Globalisten haben die Natur der Männer, wie sie eben ist, für inakzeptabel erklärt und verweigern ihnen auch zunehmend die Äquivalente des Krieges. Ihre gemeinsame Agenda besteht in der völligen Ächtung der Idee, daß Männer die Dinge tun sollen, für die sie die Evolution prädestiniert hat." (ebd.: 129)

Männlichkeit im eigentlichen Sinne sei gesellschaftlich nicht mehr erwünscht und werde öffentlich abgelehnt. Traditionell männliches Verhalten und männliche Vorstellungen würden heute als „off limits" (2014a: 77) gelten, männliche Rollenbilder seien zu „überwinden" (2016b: 102). In Donovans Anschauung werden Männer, die nicht bereit sind, sich den ihnen diktierten Entwürfen von Geschlechtlichkeit zu fügen, sondern ein urmännliches Ideal anstreben, von der Gesellschaft an den Rand gedrängt und gelten als „insecure fakes“ (ebd.: 23). Die meisten Männer würden dagegen sich diesen Erwartungen anpassen, sie übernehmen und alternative Männlichkeitsentwürfe begründen. Als männliche Tat gelte nun, all die Stigmatisierungen und Schmähungen ‚mannhaft‘ zu ertragen und sich ihnen zu fügen (2014a: 66). „Apologizing and appeasing and asking for permission“ (ebd.: 81) seien die neuen Inhalte der Männlichkeit und stünden beispielhaft für ihren krisenhaften Charakter. Dieser wird nicht etwa als immanente, aber bearbeitbare Problemstellung begriffen, sondern als radikale Infragestellung, die einer völligen Überwindung von Männlichkeit, männlichen Verhaltensweisen und männlichem Denken insgesamt gleichkommt:

> „Die Ächtung männlicher Gewalt ist Mord an der männlichen Identität. [...] Wenn der Weg der Männer kulturell entwertet wird, verlieren alle Träume von virilen Taten ihren Glanz“ (2016b: 130).

Die ‚Krise der Männlichkeit‘ gilt für Donovan als das ultimative Schreckensszenario, das seinen übrigen Vorstellungen männlicher Dominanz und Hegemonie entgegensteht.

In der Gegenwart der westlichen Gesellschaften, in „unserer Zeit“ (2016b: 59), wie Donovan sagt, oder genauer in der „komplexen, kosmopolitischen, individualistischen, fragmentierten Zivilisation“ (ebd.: 15) seien die Möglichkeiten für Männer, an ihrer vermeintlich misslichen Lage etwas zu verändern und „das zu werden, was sie sind“ (ebd.: 59), beschränkt. Es bleibe ihnen nichts weiter, „als nachts ein paar Schatten anzubellen“ (ebd.: 59f.), wie er ausdrucksstark formuliert. Die Pose als Reminiszenz einer anderen Vergangenheit sei das Resultat einer Welt, die sich schneller verändert habe als die Männer selbst (ebd.: 144). Klagend blickt er auch in die Zukunft: „The future is no man‘s land“ (2011: 5), heißt es in seinem gleichnamigen Essay (vgl. auch 2016b: 152ff.). Donovan zeichnet das Bild einer Gesellschaft, die männliche Werte und Beschäftigungen zunehmend verdrängt hat und in der einige wahrhaft verlorene Seelen – die Männer – ziellos umherstreifen in dem Gefühl, etwas in sich zu tragen, für das es keinen Ausdrucksort mehr gibt. Er klagt über diese Gesellschaft:

> „Die Zivilisation kostet ein Stück Männlichkeit. Sie kostet ein Stück Wildheit, Risiko, Kampf. Sie kostet ein Stück Kraft, Mut, Kompetenz. Sie kostet ein Stück Ehre. Das Fortschreiten der Zivilisation fordert seinen Teil an Virilität, drängt die Männlichkeit in immer weitere Refugien der Mittelbarkeit und der Abstraktion zurück." (ebd.: 165)

Donovan leistet an dieser Stelle zunächst eine Beschreibung seiner Wahrnehmung zivilisatorischen Fortschritts. Seiner Ansicht nach ist es ein notwendiges Mitbringsel der Technisierung der Gesellschaft wie der Zivilisation generell, dass Männer ihren Bezug zur Natur ein Stück weit verlieren und klassisch männliche Betätigungen weniger werden (ebd.: 122). Nichtsdestotrotz ist auch eine Wertung mit dieser Annahme verbunden, weil Donovan die individuelle Enaktierung von Männlichkeit nicht als Option, sondern als Grundlage einer erfüllten männlichen Identität begreift. In den Gesellschaften der Gegenwart sei Männlichkeit aber die Bedeutung abhanden gekommen: „Masculinity is no longer necessary. Today, masculinity is a hammer seeking a nail in a house that's already been built" (2018b: 29). Während eine männliche Praxis für unsere menschlichen Vorfahren noch existentiell war, fehle in modernen Gesellschaften schlichtweg der Anlass, sich darin zu üben. Männer der Gegenwart erleben keine „survival pressures" (ebd.: 22), denn das ihnen Schutz bietende „house" ist bereits errichtet.

Nüchtern konstatiert Donovan deshalb, dass Männlichkeit heute im Prinzip aus der Zeit gefallen sei. Dies veranschauliche etwa die physiologische Konstitution von Männern: „The athletic potential of the male body is wasted on the modern world" (2014a: 112). Das würde allerdings nicht im Umkehrschluss heißen, dass dieses Potential in den Männern ewig schlummert und ohne ihr Zutun zum Leben erweckt werden könnte. Die männlichen Tugenden seien „roh und vergänglich" (2016b: 161) und müssten trainiert und kultiviert werden. Der Mangel an „sinnvollen Bewährungsproben" (2016b: 162) sei Teil der krisenhaften Konstitution von Männlichkeit in modernen Gesellschaften, weil diese für die Entwicklung einer nach männlichen Prinzipien strukturierten Identität unabdingbar seien. Eben diese würden Männer heute mehrheitlich nicht (mehr) aufweisen – im Gegenteil: „Good, modern, civilized white men stand for nothing, so as the saying goes, they'll fall for anything“ (2016a: 40).

Das Imperium des Nichts

Um Männer davon abzuhalten, ihren vermeintlichen Urinstinkten zu folgen, würden laut Donovan in modernen Gesellschaften zahlreiche Ersatz-Beschäftigungen existieren, die männliche Erlebnisse simulieren. Darunter fallen etwa Militär- und Polizeidienste, sportliche Betätigungen oder auch künstlerische, ökonomische oder politische Wettstreite. Auch Geschichten über männliche Helden aus vergangenen Zeiten würden der Simulation männlicher Bandenaktivität dienen (2016b: 118ff.). Donovan erinnert außerdem an die „blutrünstigen Spektakel“ (ebd.: 112) im zivilisierten römischen Reich. Die von ihm benutzte Bezeichnung der „masturbatorische[n] Ventile“ (ebd.: 104) eingesperrter Männlichkeit offenbart deutlich die Bedeutung, die er diesen Aktivitäten beimisst: Sie kanalisieren eine von den Männern ausgehende Energie in einer eingrenzenden, die Gesellschaft nicht gefährdenden Weise. Männer verschaffen sich eine spezifische Befriedigung ihrer Urbedürfnisse, deren allgemeine Unterdrückung aber dadurch nicht in Frage gestellt, sondern vielmehr beschlossen wird. Unter Umständen trägt die kanalisierte Männlichkeit so gar einen Teil zum Wohl der sie beschneidenden Gesellschaft bei:

> „‚Äquivalente‘ der Bandenmännlichkeit binden die Energien der Männer an die Gesellschaft, in der sie leben, und hindern sie daran, sie zu sprengen. Praktikabler Ersatz für den maskulinen Drang, ‚kämpfend zu leben‘, ist nötig, damit die Männer ihre *eigenen* Interessen den Interessen des großen Ganzen oder der Machthaber unterordnen.“ (ebd.: 117, Herv. i. O.)

Die Konstruktion von Männlichkeit wird so zugleich ermöglicht und gerahmt. Weil Donovan die Unterdrückung männlicher Urinstinkte zugunsten einer seiner Ansicht nach den männlichen Prinzipien entgegenstehenden Gesellschaft ablehnt, kann er diesem Kompromiss wenig abgewinnen. Sich darauf einzulassen, gilt ihm deshalb als „wahre Krise der Männlichkeit" (ebd.: 160).

Donovan formuliert folglich eine umfassende Ablehnung der modernen Gesellschaft insgesamt. Die von ihm verachtete moderne Zivilisation bezeichnet er als „Imperium des Nichts" (2017b: 35 / „The Empire of Nothing", 2016a: 43). Erstes Kennzeichen dieses Imperiums sei die Abschaffung unterschiedlicher Identitäten. Stattdessen herrsche eine „totale Monokultur" (2017b: 58). Von Männern werde deshalb erwartet, die Abwicklung ihrer selbst einfach hinzunehmen. Zum Programm des ‚Imperium des Nichts' würden die „schleichende Entmannung, genauso wie die Auslöschung und Stigmatisierung von exklusiven Männergruppen" (ebd.) zählen, welche von einer Kultur des inhaltsleeren Konsums, der „kulturellen Auslöschung" (ebd.: 42) und des Universalismus verdrängt würden. Unter dem Begriff des ‚Imperium des Nichts' versammelt Donovan seinen Protest gegenüber liberalen, demokratischen Gesellschaften. Als politischer Kampfbegriff reicht er weit über die bloßen Geschlechtervorstellungen hinaus. Donovans Interesse an den Auswirkungen der von ihm skizzierten Un-Gesellschaft betrifft aber wiederum in erster Linie die Konstitution von Männlichkeit. In seiner Totalität verhindere das ‚Imperium des Nichts' nämlich, dass Männer überhaupt zu ‚echten Männern' werden können: „Männer, die in das ‚Imperium' hineingeboren werden, können nicht einfach noch einmal als Barbaren geboren werden oder zu irgendeinem magischen Ort davonlaufen, um Barbaren zu werden" (ebd.: 67f.). Im ‚Imperium des Nichts', müsste man folgern, hat sich die ‚Krise der Männlichkeit' zu einem regelrechten ‚Verschwinden der Männlichkeit' entwickelt.

Gegenspieler(innen)

Schuld daran ist eine lange Liste an Feindbildern, denen Donovan es jeweils anlastet, den Interessen der Männer im Wege zu stehen. Zentral und häufig nennt er dabei den Feminismus beziehungsweise Feministinnen (vgl. etwa 2011: 12). Bemerkenswerterweise spiegelt sich in der Konstruktion von Feindbildern die symbolische Verknüpfung von Donovans Ablehnung des Feminismus und seiner Vorstellung eines politisch-(multi-)kulturellen Verfalls der Gesellschaft. Als Gegenspieler nennt er so etwa „Globalisten und Feministinnen" (2016b: 150), „state agencies, entertainment and luxury marketers, and of course feminists" (2018b: 24) oder „progressives – feminists, multiculturalists, socialists, and others" (2014a: 60). Jeweils werden Feindbilder bezeichnet, die für Donovan Ausdruck und Schuldige der Moderne und ihrer gegen Männer, Tribalismus und distinkte Identitäten gerichteten Verfasstheit sind. Zudem assoziiert er sie mit gesellschaftlicher Macht oder derer Repräsentation: „Elitebürokraten und reiche Männer" (2016b: 103), „Strippenzieher" (2017b: 103) und „venal politicians" (2014a: 37). Seine Ausführungen bilden so eine Gemengelage unterschiedlicher ideologischer Zielscheiben ab. Donovan ergeht sich in einer reichlich wirren Zusammenführung anti-moderner, anti-staatlicher, anti-elitärer und – selbstredend – antifeministischer Projektionen.

Die Gegenspieler der Männer und der Männlichkeit zeichnen sich für Donovan durch ein konkretes Handeln gegen eben jene aus. Das beginne mit der Kritik an und Opposition gegenüber Männern, etwa der Kennzeichnung von Männlichkeit als „fragile" (2018b: 30) und „fake" (ebd.), wenn die beständige Reinszenierung männlicher Werte auf diese Weise als Schwäche verkannt werde, und reiche über die Bevormundung von Männern (2016b: 164) bis hin zu einer insinuierten gezielten Praxis gegen männliche Verbünde. Donovan glaubt, dass zur Interessensicherung der Mächtigen die Bildung von Männerbünden vorsätzlich durch die Vermischung von Männern und Frauen sabotiert werde (ebd.: 102). Analog werde der Feminismus am Erfolg der Frauen bemessen, ehemals exklusiv männliche Sphären zu unterwandern (2014a: 83). Die Forderung und Praxis der feministischen und globalistischen Zivilisation – die an dieser Stelle tatsächlich als handelnde Akteurin erscheint – sei nicht weniger als das Aufgeben von männlicher Bruderschaft und Gruppenidentität und damit das Ende des Patriarchats (2016b: 165a). Die immense Bedeutung, die dies für Donovan einnimmt, ist offensichtlich und wird von ihm zudem aufs Deutlichste expliziert: „[S]ie fordern letztlich das Ende der Männlichkeit schlechthin“ (ebd.: 166).

Neue Anforderungen

Infolgedessen versteht Donovan die als ‚masturbatorische Ventile eingesperrter Männlichkeit‘ bezeichneten Ersatz-Aktivitäten der Männer, die ihr Tun in gesellschaftlich akzeptable Bahnen kanalisieren sollen, auch als intendierte Ablenkungen von einem männlichen Wesenskern:

> „The reimaginers [of masculinity] have taken it upon themselves to decorate the cage a bit. They have attempted to provide safe narratives that offer men the feel of expressing a virtual virility without the danger it poses to the interests of women and the status quo“ (2011: 21).

Den Gegenspielern der Männlichkeit wird ein sehr strategisches Vorgehen zugeschrieben: Männern soll demnach zwar ein Gefühl von Männlichkeit ermöglicht werden, ohne dass diese aber konkret wirksam – und bedrohlich – wird. Stattdessen würden die Gegenspieler als neue Inhalte der Männlichkeit festlegen: „Lohnsklaverei und Masturbation“ (2016b: 152) sowie höchstens rein simulierte Aggressionen (2013: 17), wodurch Männlichkeit zu einer schier symbolischen Angelegenheit verkomme (2011: 10). Die Domestizierung von Männlichkeit (vgl. ebd.: 21) ist für Donovan also nicht lediglich als eine unglückliche Auswirkung infolge von Veränderungen im Arrangement der Geschlechter zu verstehen, sondern als (politisch) gewollter Teil einer gegen die Männer gerichteten Praxis.

Diese begründet in Donovans Anschauung ferner eine Reihe von Anforderungen an Männer, die bisherigen Maßstäben zum Teil radikal entgegenstehen. Erstens werde von ihnen verlangt, sich stets nach den Interessen der Frauen zu richten:

> „The pro-feminist male is a wretched, guilt-ridden creature who must at every turn make certain he is not impeding the progress of women in any way. He willingly accepts guilt for crimes against women he never committed, perpetrated by men he has never met. [...] The only ‚freedom' that feminism offers men is the freedom to do exactly what women want men to do. *The freedom to serve*." (2014a: 78, Herv. i. O.)

Zur Leitlinie des männlichen Denkens und Handelns werde demnach nicht das eigene Wohlergehen, sondern das der Frauen – ganz gleich, ob dies den eigenen Bedürfnissen im Weg steht. Frauen sollen jederzeit unterstützt und bevorzugt behandelt sowie ihre Präsenz und Teilhabe stets ermöglicht und toleriert werden. Zweitens werde den Männern angetragen, diese und andere Unterwerfungen klaglos hinzunehmen (ebd.: 66, 71). Passivität, Zurückhaltung und Selbstdisziplin sind die von ihnen erwarteten Eigenschaften (2011: 16). Dies gelte drittens trotz besseren Wissens. Sie sollen sich „benehmen, als ob alles in Ordnung wäre" (2017b: 31), selbst wenn die Welt um sie herum im Chaos zu versinken scheint. Ihnen werde jede Selbstständig- und Mündigkeit damit abgesprochen: Sie sollen sich ganz bewusst und willentlich wie „Dummköpfe" (ebd.: 30) verhalten.

Der Grund für diese verschieden gelagerte Praxis gegen die Männer ist für Donovan ein einfacher: Männer seien stets eine Gefahr für das Establishment (2016b: 117). Deshalb sollen sie davon abgehalten werden, ihre eigenen Interessen zu verfolgen. Das männliche Wertesystem sei dem ‚feministisch-globalistischen Egalitarismus' deutlich entgegengesetzt und für dieses deshalb eine Bedrohung (ebd.: 30f.). Donovans Weg der Männer führt über männliche Vormachtstellung, feste Identitäten und eine streng hierarchische und am männlichen Kodex orientierte Ordnung. Für die Gegenspieler der Männer, die einen solchen Weg mitzugehen ablehnen und verweigern oder qua Geschlecht davon ausgeschlossen sind, stellt dieser deshalb eine fortwährende Gefährdung dar, die es zu eliminieren gelte.

Die Sehnsucht nach dem Zusammenbruch

Entsprechend düster zeichnet Donovan seine Zukunftsvision. Die Welt nimmt er wahr als geradezu auf den Kopf gestellt (2018b: 44). In diesem Bild reicht es folglich nicht aus, sie ein wenig zurechtzurücken, vielmehr müssten ihre Grundlagen radikal geändert werden, um eine hergebrachte Ordnung zu erreichen. Sein Geschichtsbild ist ein zyklisches (vgl. 2017b: 147f.): Auf den Naturzustand folge demnach die fortschreitende Zivilisation, die Männer versklavt und ihrer Urinstinkte beraubt, bis sie zu „feigen Kreaturen, die über den Erdball kriechen, um hinter Geld und Reichtum herzuhecheln" (2016b: 169), verkommen sind. In diesem Zustand würden die Männer der modernen Gesellschaften gegenwärtig ihrem Ende entgegen vegetieren. Zum einzigen Ausweg aus dieser Lage wird der endgültige Niedergang der Welt:

> „Überall sehnen sich die Männer nach dem Zusammenbruch des derzeitigen Zivilisationsmodus, der sie zwangsläufig entwerten und entmannen muss – das ist eine notwendige Folge seines Entwurfs. Es sind vor allem Männer, die sich mit apokalyptischen Phantasien beschäftigen. Mehr und mehr von ihnen konzentrieren sich auf Survival- und Prepper-Szenarien." (2017b: 63)

Vor dem Ende steht in Donovans Anschauung die aktive Arbeit von Männern gegen ihre Entwertung und Entmannung. Solange zumindest ihre materiellen Bedürfnisse erfüllt werden, würden die meisten Männer sich mit ihrer Situation begnügen (2016b: 131). Was aber, wenn dies nicht mehr gegeben ist? „In Krisenzeiten, wenn die Ressourcen rar gesät sind" (ebd.: 25), würden die Männer aufbegehren, sich gegen das System wenden und sich in Banden organisieren, glaubt er. Damit entstünde eine Situation, in der der Widerstand gegen das ‚Imperium des Nichts' möglich werde. Die stetige Degradierung der Männer und die Ignoranz gegenüber ihrer ureigenen Lebensart in den modernen Gesellschaften räche sich dann: Auch diese Männer seien „imstande, eine Zukunft zu zerstören, in der kein Platz für sie ist" (ebd.: 131)

Für Donovan liegt in der von ihm als solche wahrgenommenen zunehmenden gesellschaftlichen Abwertung und Stigmatisierung der Männer somit auch eine Hoffnung begründet. Wie lange noch, fragt er, werden jene diesen Zustand weiterhin ertragen, „wissend, daß ihre Vorfahren stärkere Männer, härtere Männer, mutigere Männer waren – im Wissen, daß dieses Erbe der Kraft auch in ihnen fortlebt" (ebd.: 157)? Der von ihm ausführlich beklagte Mangel an Männlichkeit unter Männern der Gegenwart könnte, so sein deutlich mitklingender Wunsch, dadurch überwunden werden. Donovan sehnt sich nach einer Konstellation, in der die Männer sich zwischen zwei Polen entscheiden müssen: ihrer völligen Selbstaufgabe und Loslösung von männlicher Identität auf der einen sowie die Besinnung auf ein urmännliches Potential, das ihnen zu neuer gesellschaftlicher Stellung verhilft, auf der anderen Seite. Ein Dazwischen existiert für Donovan nicht: Verrat oder Männlichkeit. Die Entscheidung über Triumph oder Niedergang ihrer Art schreibt er den Männern selbst zu: Die Durchsetzung der „Bonobo-Welt aus Frieden, Wohlstand und Selbstbefriedigung" (ebd.: 166) sei möglich aufgrund gesellschaftlicher Kräfteverhältnisse und der fehlenden Opposition der Männer, aber kein „unvermeidliches Schicksal" (ebd.).

Damit Männer sich gegen die „Bonobo-Welt" wehren, müssten sie sich aktiv dagegen entscheiden. Die Frage, die sich ihnen irgendwann stellen wird, laute: „Ist das alles?" (ebd.: 149) – und die Antwort liegt für Donovan auf der Hand. Die Entscheidung gegen die „Bonobo-Welt" sei der Beginn einer persönlichen Entwicklung, an deren Anfang eine selbstbewusste Positionierung als Mann stehe: „Men need to stop apologizing for being men" (2014a: 82). Was folgt, ist die „Verwandlung vom zivilisierten Mann zum Wolf, vom Bürokraten zum Barbar" (2017b: 68; vgl. Fn. 34) als Ausdruck einer „geistigen Revolution" (ebd.). In diesem an sich kontra-evolutionären und anti-aufklärerischen Hergang spiegelt sich für Donovan die Essenz der Männlichkeit. Er befreit die Männer aus einem Zustand technokratischer Entmündigung und macht aus ihnen (wieder) die wilden, ungezähmten Wesen, die sie von Natur aus seien. Dies gilt Donovan nicht als Akt der Regression, sondern als Wiedergewinnung individueller Verantwortung und Entscheidungsmacht. Die ‚Krise der Männlichkeit' dreht sich für ihn letztlich um die Gegenüberstellung von „Bonobo-Welt" und dem ‚Weg der Männer', zwischen denen die Männer sich entscheiden müssen. Handlungsleitend sei dabei die Frage: „What is best in life?" (2012: 133). Er bezieht sich damit auf eine berühmte Szene aus dem Film ‚Conan the Barbarian' (1982). Conans Antwort ist dabei im Prinzip eine Verdichtung des männlichen Glücksversprechens Donovans: „To crush your enemies, to see them driven before you and to hear the lamentations of their women" (vgl. auch 2016b: 203, Fn. 66).

Aufbau einer neuen Welt

Der Widerstand der Männer gegen das ‚Imperium des Nichts' führt in Donovans Idealvorstellung zum Ende der gegenwärtigen Gesellschaft und zur Schaffung neuer Welten durch die aufbegehrenden Männer. Geradezu sehnsüchtig giert er nach dem Untergang des Bestehenden: „Die Apokalypse – irgendeine Apokalypse – eröffnet eine Möglichkeit" (ebd.: 126). Die Entstehung einer neuen Kultur der Männlichkeit ist demnach abhängig von der Überwindung der gesellschaftlichen Ordnung:

> „New, pure warrior-gangs can only rise in anarchic opposition to the corrupt, feminist, anti-tribal, degraded institutions of the established order. Manhood can only be rebooted by the destruction of their future, and the creation

of new futures for new or reborn tribes of men." (2014a: 45)[39]

Deutlich klingt Donovans Faible für eine tribalistische Ordnung der Welt an, die sich durch seine gesamten Texte zieht und als Grundbedingung positiver gesellschaftlicher Veränderung erscheint: „Der einzige Ausweg der Männer ist der Weg der Bande" (2016b: 186). In seiner seltsam dystopisch-produktiven Vorstellung entsteht infolge des endgültigen Kollapses der bestehenden Verhältnisse eine Situation, in der sich immer mehr Männer in kleinen Stämmen und Gruppen zusammenfinden, um ihre Interessen durchzusetzen. Diese Banden seien streng nach männlichen Prinzipien strukturiert und würden sich gegenseitig bekriegen. Die siegreichen Stämme würden anschließend neue Kulturen begründen und damit die neue Welt schaffen (vgl. etwa ebd.: 183f.).

Donovan illustriert das von ihm durchaus hoffnungsvoll konnotierte apokalyptische Szenario entsprechend seiner mythologischen Verhaftung mit einer Szene aus der germanischen Schöpfungsgeschichte. Der Urriese Ymir wird demnach von den Göttern Odin, Vili und Vé erschlagen, aus dessen totem Leib diese anschließend die Welt erschaffen (2017b: 147). Analog dazu trägt es Donovan den Männern der Gegenwart an, eine Gesellschaft nach ihren Maßstäben zu formen. Dem Bild folgend entstehe diese gewissermaßen organisch aus der Vernichtung des Bestehenden. Deutlich appellierend fragt er:

> „Wenn du dich mit deinen Brüdern in der Leere vor dem monströsen Körper eines toten Gotts wiederfändest – was für eine Welt würdest du aus seiner Leiche bauen?" (ebd.: 149).

Es ist Donovans Auftrag an die Männer, mit dieser neuen Welt bereits zu beginnen, anstatt auf den Untergang der alten zu warten.

---

39 Donovan schreibt diese Passage in einem kurzen Essay mit dem Titel ‚Anarcho-Fascism' (2014a: 41-46). In dieser Weise bezeichnet er das politische Programm für den ‚Weg der Männer': Aus dem apokalyptisch-anarchischen Chaos soll eine neue Ordnung entstehen, die er an dieser Stelle zwar zuvorderst mit faschistischer Ästhetik und Symbolsprache in Verbindung bringt, seine spezifische politische Nähe zur faschistischen Ideologie aber ebenfalls klar offenlegt.

Auch gegenwärtig diene der Aufbau tribaler Netzwerke und bandenförmiger Gruppen sowohl der Zersetzung des Existierenden als auch der Vorbereitung auf einen möglichen Zusammenbruch (ebd.: 65). Zugleich bedeute dieser den einzig möglichen Weg, dem Zugriff des ‚Imperiums' zumindest partiell zu entkommen und „kleine Hohlräume in seinem Innern" (ebd.: 68) zu etablieren. Diese würden die Grundlage bieten, um „alternative Geschichten und Identitäten zu schaffen" (ebd.: 80), die den Status Quo kontinuierlich untergraben. Sein politisches Konzept der Absonderung und des Kampfes ‚gegen den Rest der Welt' verklärt Donovan so regelrecht zu Revolutionsromantik und selbstgewisser Aktion:

> „If you despise the world around you, do not lament the passing of a dream you never knew – dream the world that you want NOW" (2018b: 110, Herv. i. O.).

Es ermöglicht die Zuschreibung aktiver Handlungsmacht und damit einer für die Konstruktion von Männlichkeit gewichtigen Kompetenz an die Männer, die ihre Träume in die Tat umsetzen (sollen). Passenderweise rahmt Donovan in seinem Essay ‚Train for Honor' die Vorbereitung auf den Zusammenbruch der Zivilisation in geschlechtlichen Termini:

> „Training to be prepared for harder times is valid. It's a good enough reason to train – a *manly* reason" (2014a: 104, Herv. i. O.).

3.9. Differenzen oder keine? – Unterschiede zwischen Männern und ihre Bedeutung

Verschiedene Aneignungen

Wenn Donovan auch zumeist sehr starre Vorstellungen von Männlichkeit präsentiert, erkennt er durchaus eine spezifische Vielfältigkeit, die Männer auszeichnet, an: „Männer unterscheiden sich in ihren Antrieben, Fähigkeiten und Temperamenten“ (2016b: 36). Manche seien für die traditionellen männlichen Aufgaben besser geeignet, andere würden ihre Bestätigung eher etwa in einer intellektualisierten Männlichkeit finden. Diesen unterschiedlichen Fähigkeiten folgend, würden sie sich mit ihnen ähnlichen Männern umgeben und innerhalb der männlichen Hierarchie auf Grundlage ihrer individuellen Begabungen ihren Rang zu sichern suchen (ebd.: 123ff.). Handlungsleitend sei das Ziel, größtmöglichen Respekt, Anerkennung und Ehre zu erzielen. Grundsätzlich seien die Unterschiede zwischen Männern aber auch eine Voraussetzung für die Existenz männlicher Rangordnungen überhaupt. In zynischer Abgrenzung zu einem der Grundgedanken der US-amerikanischen politischen Kultur (und zum Leitmotiv der amerikanischen Unabhängigkeitserklärung) formuliert Donovan, „that all men are NOT, in fact, created equal“ (2014a: 26). In seinem Verständnis ermöglicht die Erkenntnis über diesen seiner Ansicht nach ahistorisch gegebenen Sachverhalt sowie die praktisch vollzogene Zustimmung der Gesellschaftsmitglieder dazu erst das Funktionieren von Gesellschaft überhaupt.

Die Unterschiede zwischen Männern seien laut Donovan neben individuell verschiedenen Veranlagungen und Talenten auch ein Resultat verschiedenförmiger Enkulturationswege in modernen Gesellschaften (2006: 102). Er betont damit bemerkenswerterweise eine wesentliche Bedeutung sozialer Faktoren bei der Entwicklung von Geschlechtlichkeit entgegen seiner ansonsten vielfach formulierten Tendenz, von einer grundlegend biologischen Bestimmung eben dieser auszugehen. Moderne Wege ins Mannsein seien nicht „short and linear, but long and labyrinthine“ (ebd.). Männer würden von anderen Männern beeinflusst werden, sich ihre Identität stückweise erarbeiten und letztlich einen individuellen, einzigartigen männlichen Charakter entwickeln, in dem sich die sozialisatorischen Aspekte widerspiegeln. Dieser allerdings verkörpert unbedingt zutiefst maskuline Werte, ein Ausbrechen aus diesem

Ideal ist für Donovan selbstredend auch trotz verschiedener Aneignungsmöglichkeiten nicht mit Männlichkeit vereinbar.

Analog dazu identifiziert Donovan strukturelle Gemeinsamkeiten kulturell verschiedener Männlichkeiten, aber Unterschiede in ihrer konkreten Ausgestaltung. Die männliche Geschlechtsrolle – auch hier verwendet er erneut den sozialkonstruktivistisch inspirierten Begriff – unterscheide sich aufgrund kulturell verschiedener Einflüsse wie Ökonomie, Religion und vieler anderer mehr (2011: 28). Dies berührt für Donovan aber keinesfalls den natürlichen Ursprung der Männlichkeit an sich (2006: 67). In diesem Zusammenhang erläutert er zudem seine Vorstellung von einer Kopplung von männlichem Ideal an kulturelle und/oder politische Werte einer Gesellschaft. Er schreibt:

> „For a society to get the most out of its males, it has to to affirm their masculinity in a productive way – not simply negate it. […] It must offer a cultural code of masculinity that encourages productive behaviour" (ebd.: 77).

Donovan zufolge liege es also im gesellschaftlichen Interesse, ein kulturspezifisches Geschlechtsideal in einer Weise zu formen, die die männlichen Grundtugenden sowie die Werte dieser Gesellschaft aufeinander bezieht und sich so in ihrem Sinne produktiv erweist. Der Erfolg des gesellschaftlichen Zusammenhalts und insbesondere der Integration der Männer darin sei wesentlich von dieser Bedingung abhängig. Wenn ihre Werte dem gesellschaftlichen Kodex dagegen widersprechen, „men run amok" (ebd.: 73). Bezeichnend ist an dieser Stelle Donovans Beispiel für eine gelungene Umsetzung dieser gesellschaftlichen Herausforderung:

> „The Nazis did an especially impressive job of linking National Socialism to manhood; from their youth programs to the overtly masculine way in which they styled themselves" (ebd.).

Unüberwindbare Gemeinsamkeiten

Zu den Unterschieden der Männer zählen auch die verschiedenen Modi des Ausdrucks von Männlichkeit. Donovan bemerkt:

> „Männer sind weder herzlose Monster noch Maschinen. Männer denken auch an andere Dinge als Jagen, Töten und Verteidigen. Männer sind ebenso zu Mitleid wie zu Grausamkeit fähig“ (2016b: 86f.).

Wie er an anderer Stelle ausführt, liegt dem allerdings eine Unterscheidung zwischen menschlichen und männlichen Qualitäten der Männer zugrunde. Die empathisch-mitfühlenden Seiten von Männern seien demnach eher Ausdruck allgemein menschlicher Kompetenz, die aber nicht unmittelbar ihr männliches Wesen definieren (ebd.: 163). Dennoch bildet sich für Donovan darin eine Diversität von Männlichkeit ab, die über eindimensionale, hypermaskuline Inszenierungen hinausgeht. In Anlehnung an Connell könnte man folgern, dass Donovan den neben dem hegemonialen Ideal existierenden Formen von Männlichkeit auf diese Weise eine Sichtbarkeit verschafft. Er selbst spricht von einer „richness of masculinity that is lost when it is defined only in terms of its most extreme examples“ (2006: 96).

Zugleich grenzt sich Donovan aber gerade von Connell deutlich ab. Ihre Theoretisierung von Männlichkeiten bezeichnet er als „moralischen Pluralismus und Relativismus“ (2016b: 97), der Männlichkeiten in einer derart beliebigen und widersprüchlichen Weise beschreibe und diversifiziere, dass sich letztlich überhaupt keine gemeinsame Bedeutung mehr ausmachen lasse. Donovan betont hingegen entschieden, welche Gemeinsamkeit sich auch in Differenzen von Männlichkeit finde. Auch über kulturelle Grenzen hinweg seien die strukturellen Ähnlichkeiten deutlich frappanter „als ihre flüchtigen Unterschiede“ (ebd.: 98). Trotz seiner Anerkennung einer spezifisch flexiblen und vielfältigen Ausgestaltung von Männlichkeitsentwürfen und -praxen ist zu resümieren, dass Donovans Ansichten männliche Identität generell nur innerhalb seines orthodox-einengenden Bilds des Geschlechterverhältnisses denkbar machen.

4. Kontinuitäten extrem rechter Männlichkeitstheorien – Neue alte rechte Männlichkeit?

4.1. Ideologisches Geschlechterbild

Das Männlichkeitsbild Jack Donovans stellt sich in der Gesamtschau als umfang- und facettenreich dar. Es konturiert sowohl eine grundlegende Wertewelt als auch wirkt es sich auf konkrete Verhältnisse zwischen Männern aus. Anerkennung, Loyalität und Moralität einerseits sowie Abgrenzung, Kampf und Gewalthandeln andererseits stellen dabei zwei Seiten der gleichen Medaille dar. Donovans Vorstellungen über Männlichkeit basieren auf der Annahme einer ewigen, unveränderlichen Natur und begründen ein zutiefst antifeministisches Weltbild, das die Krise der Männer zum zentralen Kristallisationspunkt und Problem der Gegenwart erhebt. Während es Sexualität weitgehend auszusparen sucht, entwickelt es zugleich die Konstruktion der spezifisch maskulinen mann-männlichen Liebe und erkennt damit, wenn auch auf Umwegen, Differenzen zwischen Männern an.

Wie aber ist es nun um das Verhältnis dieser Geschlechterideologie Donovans zu extrem rechten Männlichkeitskonzeptionen bestellt? Zu bemerken sind zunächst weitreichende Überschneidungen. An vorderster Front steht dabei die Konzeption von soldatischer Männlichkeit, die für extrem rechte Männer als handfeste Orientierungsfolie zu dienen scheint und sich auch in den Ausführungen Donovans widerspiegelt. Sie zeichnet sich grundsätzlich durch eine Integration verschiedener männlicher Härte-Ideale aus – etwa Mut, Disziplin, Opferbereitschaft oder Gewaltaffinität – und wirkt sich zudem auf die verschärfte Konstitution weiterer Dimensionen von Männlichkeit aus – beispielsweise auf die Ausgestaltung einer von empathisch-mitfühlenden Regungen befreiten spezifisch männlichen Moral. In diesem Sinne sind auch die Annahmen Donovans über Männlichkeit zu begreifen. Ihm gilt diese als bestimmt durch Krieg und kriegerisches Verhalten: „Der Weg der Männer ist ein kämpferisches Ethos" (2016b: 32). Zwar wird die vor allem als analytischer Begriff gebrauchte Vokabel der ‚soldatischen Männlichkeit' von Donovan selbst nicht verwendet, seine Ausführungen entsprechen aber in vielerlei Hinsicht deren Sinngehalt.

Ähnliches gilt für die in der extremen Rechten obwaltende hierarchische Konstitution von Kameradschaft und Führerkult im Männerbund. Sie findet ihre Entsprechung im Wettstreit um Über- und Unterordnung in den von Donovan als Urformen männlicher Vergesellschaftung beschriebenen Männerbanden. Eine scharfe Abgrenzung nach außen sowie die Verantwortungsübernahme nach innen werden von extrem rechten Männern wie von Donovan hochgehalten. Die Grundlage ihrer Geschlechterideologien bilden jeweils biologistisch-essentialistische Annahmen über das Wesen von Männern und Frauen und ihre Trennlinien. Ein patriarchales Gesellschaftsverständnis bildet sich in der extremen Rechten und in Donovans Ausführungen in der Zuschreibung traditioneller, vergeschlechtlichter Rollen und der Selbstverständlichkeit männlicher Suprematie ab. Das Verhältnis zu Weiblichkeit ist ambivalent: Einerseits erhalten Frauen respektive Mütter als Bewahrerinnen der Zukunft des Stammes eine immense Bedeutsamkeit, andererseits wird Weiblichkeit kontinuierlich abgewertet und entschieden abgewehrt. Unmännlichkeit und Effeminiertheit gelten als radikale Gegenbilder des extrem rechten Männlichkeitsbilds wie desselben Donovans. Dies findet sich wieder im Umgang mit Homosexualität und Homosexuellen, die allzu oft manifeste homophobe Anfeindungen und Übergriffe extrem rechter Männer erleiden müssen und auch vom geouteten Homosexuellen Donovan nur Anerkennung erfahren, wenn sie sich trotz ihres sexuellen Begehrens als ‚männliche Männer' erweisen. Schließlich gehen sowohl die extreme Rechte als auch Donovan von einer durch feministische Frauen und weitere Feindbilder verursachten Krise der Männlichkeit aus, die mit Antifeminismus und Antimodernismus beantwortet wird.

Diese weitgreifenden Parallelen zugrundelegend lässt sich das Männlichkeitsbild Donovans klassifizieren als mindestens gekennzeichnet durch zahlreiche extrem rechte Anleihen. Eher noch ist es tatsächlich zu bezeichnen als eine spezifische Variation extrem rechter Männlichkeitstheorien. Die nicht immer ganz eindeutige politische Verortung Donovans erhellt sich nachgerade im Angesicht seiner Auffassungen über die geschlechtliche Einrichtung der Gesellschaft, die ein dahinterstehendes gefestigtes und zumeist konsistentes extrem rechtes Weltbild offenbaren. Seine Theorie der Männlichkeit – der von ihm propagierte ‚Weg der Männer' – weist eine klare ideologische Linie auf. Alltagsannahmen über Geschlecht, die unabhängig von politischen Stoßrichtungen gesellschaftliche Verbreitung aufweisen, werden von ihm gravierend dramatisiert und in den Kontext des von ihm gezeichneten weitreichenden Verrisses des gesellschaftlichen und politischen Status Quo gesetzt. Donovans Ausführungen gehen so über traditionelle Vorstellungen der Geschlechterordnung deutlich hinaus. Deren Wesensverwandtschaft ist zwar keinesfalls zu unterschlagen – extrem rechte Geschlechterbilder basieren auf denen der sogenannten politischen Mitte, sie sind nicht zuletzt als Zuspitzung und Verschärfung zu verstehen –; die für Donovan zu konstatierende fehlende Verhandelbarkeit seiner Positionen, der apokalyptisch-aufrührerische Unterton und die Verbandelung mit anderen rechten Ideologiefragmenten machen aber eine neue Qualität aus, die die Kennzeichnung als extrem rechts fundiert.

Einige Eigentümlichkeiten

Über diese grundsätzliche Einordnung hinaus entsprechen Donovans Ansichten über Männlichkeit nur bedingt den gewöhnlichen extrem rechten Geschlechterbildern – sofern überhaupt eine solch verallgemeinernde Rede über diese legitim ist. Neben weitreichenden Übereinstimmungen sind einige größere und kleinere Eigentümlichkeiten bei Donovan festzustellen. Sein Männlichkeitsbild lassen diese in gewisser Weise ‚besonders' erscheinen. Insbesondere sticht dabei seine sexuelle Orientierung hervor, die ihn zu einer partiellen Abkehr von den Selbstverständlichkeiten der politischen Rechten nötigt und, so scheint es, auch die auffällige Schärfe und Unbedingtheit seiner Einstellungen mindestens begünstigt. So ist zu bemerken, dass die von ihm vorgebrachten Argumentationen oftmals noch im Verhältnis zu anderen extrem rechten Geschlechterkonstruktionen übersteigert wirken.

Die wechselseitige Loyalität der Männer in einer homosozialen Ehrengruppe gilt Donovan etwa geradezu als sakral. Die Blutsbrüderschaft, der er gemeinsam mit Nathan F. Miller ein ganzes Buch gewidmet hat (Miller/Donovan 2013), ist ein praktischer Ausdruck dessen: „something between a spiritual bond and a contract" (Donovan 2013: 19). Ebenso transzendiert die Struktur und Rangordnung der Männer zu einem „value of natural hierarchy" (Donovan 2014a: 31). Körperliche Kraft gilt ihm nicht nur als einfacher Marker von Männlichkeit, sondern als Ermöglichungsbedingung männlicher Werte überhaupt (2016b: 101). Zudem repräsentiert Donovan selbst eine imposante Umsetzung dieser Ansicht: Seinen gestählten Körper weiß er in Szene zu setzen, stolz zeigt er seine Muskeln auf zahlreichen Fotos im Internet. „Violence is golden" (2014a: 17), sagt Donovan und erklärt Gewalt nicht zu einer politischen Notwendigkeit, sondern zur primären Ordnungsinstanz gesellschaftlichen Zusammenlebens. Jeder moralische Universalismus wird von ihm abgelehnt – zugunsten einer zutiefst kriegerischen Moral der Männlichkeit. Seine Abwehr von Weiblichkeit geht über eine Geringschätzung von Frauen weit hinaus bis hin zur Ablehnung der gegenwärtigen politischen Kultur insgesamt als verweiblicht. Sie mündet in der Verschwörungstheorie einer Elite aus Feministinnen und

‚Globalisten', die intensiv an der Abschaffung der Männer arbeiten würden (2016b: 129).

4.2. Politik, Männerbund und spirituelle Praxis

Diese besonders zugespitzten Auslegungen rechter Männlichkeitskonzeptionen werden bei Donovan zusätzlich gerahmt durch weitere, in seiner Theorie implizierte Spezifika. Da ist etwa der wiederholt aufscheinende spiritualistische und okkulte Einschlag, der Donovans Texte begleitet. Donovan ergeht sich sowohl immer wieder in mythologischen Anekdoten als auch erklärt er Männlichkeit bisweilen geradewegs zu einem mystisch-transzendentalen Erlebnis. Männlichkeit sei nur ganzheitlich zu begreifen und in diesem Sinne regelrecht einer Religion ähnlich (2006: 67). Donovans Ausführungen korrespondieren hier mit seiner kultisch-esoterischen Weltanschauung und einer darauf basierenden (politischen) Praxis, die er etwa im Kreise einer persönlichen Männerbande umzusetzen suchte: Von 2014 bis 2018 war Donovan Mitglied der neuheidnischen Organisation Wolves of Vinland. Matthias Waggener, einer ihrer Gründer, bezeichnete die Gruppe als „Odinic Wolfcult" (vgl. Woodruff 2015). Die Mitglieder nutzen nordische Runen und Begriffe und zelebrieren pseudo-germanische Rituale bis hin zu Opferritualen mit Tieren. Auch Donovan veröffentlicht in den sozialen Netzwerken beständig Aufnahmen rituell inszenierter Zeremonien, die er im Kreise der zu seiner Bande zählenden Männer zu Ehren germanischer Götter durchführt.[40] Das nach einem berühmten Essay des antibürgerlich dünkelnden

[40] In seinem Blog-Beitrag ‚A Time for Wolves' von 2014, den er kurze Zeit vor seinem Beitritt bei den WoV verfasst hat, beschreibt Donovan ausführlich einige Rituale der Gruppe und ihre Bewandtnis (2014b).

deutschen Schriftstellers und geistigen Vaters rezenter neurechter Politiken Ernst Jünger benannte Waldgrundstück ‚Waldgang' wurde von Donovan und den übrigen Anhängern seines WoV-‚Chapters' als heidnische Kultstätte genutzt.[41] Auch nach seinem Ausscheiden aus der Gruppe[42] dient ihm ‚Waldgang' als religiöser Ort: „The world of myth is always present in us. Waldgang is a place to reconnect with it" (Donovan o.J. b). Während einer Deutschland-Reise 2018[43] besuchte Donovan seinem Interesse an nordischer

[41] Gleiches gilt für ‚Ulfheim' in Virginia, das zum Gründungschapter der WoV gehört, sowie ‚Windborn' in Wyoming/Colorado. Donovan berichtet in seinem Blog-Beitrag ‚Waldgang Journal' von den verschiedenen Projekten in ‚Waldgang', darunter unter anderem ein Tempel/Altar zu Ehren Thors oder eine ‚Biergarten' getaufte Grillhütte (2017c). Darüber hinaus findet sich auch in seinen Büchern ein direkter Bezug zu Jünger: „Ein innerer Außenseiter zu werden, ähnelt dem, was Ernst Jünger als ‚Waldgang' bezeichnet hat. Wenn man der Moderne nicht entkommen kann, muß man sich geistig abspalten und eine Welt innerhalb der Welt entwickeln" (2017b: 68). Wie Penke kommentiert, verfolgt Jünger – und ergo analog Donovan – damit einen „gigantomanischen Anspruch" (2018: 55): Der Waldgang – und der Rückzug in die Praxis der kultischen Rituale – als „Akt des inneren Widerstands" (ebd.) werden zur Radikalopposition gegen den Staat und die gesamte Moderne erklärt.

[42] Donovans Bruch mit den WoV kam unerwartet. Lange erweckte er durch seine zahlreichen positiven und persönlich aufgeladenen Bezugnahmen den Eindruck, er habe in ihrem Kreise endlich die Männerbande gefunden, um seine Vorstellungen einer angemessenen Männlichkeitspraxis auszuleben. Was ihn schließlich zum Ausstieg bewegt hat, darüber schweigt er sich aus. Aus einem kurzen Statement zur Angelegenheit klingt aber durchaus einige persönliche Enttäuschung: So bereue er zwar nicht, Mitglied der WoV gewesen zu sein, seit seinem Ausscheiden habe er aber auch keinen Kontakt mehr zur Gruppe (o.J. a). In einem Instagram-Post zum Thema hat Donovan bezeichnenderweise die Kommentarfunktion deaktiviert (Link: https://www.instagram.com/p/Bx_OFGfJG4l/). Er erklärt auch dort, sämtliche Beziehungen abgebrochen zu haben und nun seinen eigenen Weg zu gehen.

[43] Siehe dazu den Blog-Beitrag ‚Fresh Blood for Old Gods' (Donovan 2018a).

Mythologie folgend unter anderem frühzeitliche, germanische Opferstätten und mittelalterliche Burgruinen.[44]

Hölzle hat bereits zum Ende des ausgehenden Jahrtausends darauf hingewiesen, dass „neuheidnisches Gedankengut zunehmend in die Esoterik-Szene und die Populärkultur eindringt“ (1996: 116) und sich insbesondere die Neue Rechte diesen Umstand zunutze macht. Eine ähnliche Position vertritt Schnurbein, die heidnischen Gruppen zwischen Esoterik-Bewegung und der organisierten extremen Rechten eine „Bindeglied“-Funktion (2001: 409) zuspricht. Eben dies scheint auch ein Effekt der kultischen Praxis Donovans (und der WoV) zu sein: Den an sich größtenteils harmlosen Ritualen wird eine weitergehende politisch-ideologische Komponente angedichtet. Ihnen zugrunde liegt eben nicht lediglich ein simples Interesse an nordischer Mythologie oder dergleichen, sondern die Überzeugung, dass in der Praxis des Rituals das Erbe germanischer Vorväter weitergetragen wird, das einen entsprechenden weltanschaulichen Auftrag mit sich bringt.[45]

---

[44] Donovan war ferner Mitglied und Priester der sich der rituellen Magie verschriebenen ‚Church of Satan‘, bis er 2009 aus dem Bund austrat. In seinem Schreiben zu diesem Anlass spricht er von einem „overlap and shared understanding when it comes to my own evolving philosophy and the religio-philosophy of Satanism“ (2009). Er erklärt, sich stets als Atheist verstanden zu haben, von der den Satanismus prägenden Idee des „ritual as meaningful psychodrama“ (ebd.) aber auch trotz seines Austritts weiterhin überzeugt zu sein. Auf seinem rechten Oberarm trägt er nach wie vor das Tattoo eines roten Herzens, über das eine Banderole mit der Aufschrift ‚Satan‘ läuft. In dieses Bild eines esoterischen Eklektizismus fügt es sich ein, dass Donovan außerdem Yoga praktiziert und regelmäßig meditiert – und dies in sein selbstgewisses Männlichkeitsbild integriert.

[45] Gründer versteht das germanische Neuheidentum schließlich gar als integralen „Bestandteil der politischen Weltanschauung der so genannten Neuen Rechten“ (2008: 19) – wenn auch nicht jede darunter zu verortende Strömung in dieser Weise zuzuordnen ist. Die Zusammenführung mythologischer Vorstellungen über nord- und mitteleuropäische Stammeskulturen, westlicher Esoterik sowie eines biologistischen und völkischen Weltbildes würde aber als „Scharnier zwischen Rechtsextremismus, Alternativszene und der ‚Mitte der Gesellschaft‘“ (ebd.) dienen.

Die Verbindung von Männlichkeitskult, extrem rechter Politik und Spiritualismus führt unweigerlich zum faschistischen Theoretiker Julius Evola. Der Italiener war nicht nur bis zu seinem Tod 1974 für seinen ausgeprägten Rassismus und Antisemitismus sowie als Ideengeber sowohl des historischen Faschismus als auch später der Neuen Rechten bekannt, sondern auch als überzeugter Spiritualist und Esoteriker. Bis auf einen eher marginalen Verweis (2018b: 75) bezieht sich Donovan in seinen Büchern zwar nicht auf Evola, dieser soll aber in jüngerer Vergangenheit zunehmend sein Interesse geweckt haben (vgl. Minkowitz 2017).[46] Davon unabhängig ist zur politischen Kartographierung Donovans auf die theoretische Verwandtschaft beider Autoren hinzuweisen. Denn Evolas Programm ist die ‚Revolte gegen die moderne Welt' – so auch lautet der deutsche Titel seines 1934 erschienenen Hauptwerks „Rivolta contro il Mondo Moderno' (1997). Leidenschaftlich beklagt Evola „den Übergang von der traditionellen zur modernen Welt [...] als Verlust der transzendentalen Dimension" (Raabe/Speit 1998). Die Moderne zeichne sich aus durch den Sieg des Materialismus, fehlendes spirituelles Bewusstsein und eine Abkehr von männlichen Prinzipien. Evola hingegen verflucht die Dekadenz dieser Gesellschaft – er bevorzugt ein umgreifendes Kastensystem, die Errichtung eines totalitären Führerstaats und die Bindung der Menschen an primitive Kultreligionen (Gottfried 2002; Assheuer 2014). Sein Weltbild ist zutiefst antiaufklärerisch: „Am Anfang ist Kultur, am Ende bloß Zivilisation" (Assheuer 2014).

Kaum zu übersehen sind die Parallelen zu Donovan – trotz durchaus bestehender ideologischer Differenzen. Evola und er treffen sich in ihrer Glorifizierung einer Welt vor ihrer Zeit und im daraus resultierenden radikalen Antimodernismus. Donovans vor allem in ‚Becoming a Barbarian' ausgeführter Verriss der bürgerlichen Gesellschaft und sein offensives Hoffen auf ihr apokalyptisches Ende hätten die Zustimmung Evolas wohl pro-

[46] Dazu passt, dass Donovan auch in einem Instagram-Post vom 1. Januar 2019 zum Thema Asketismus ein Zitat Julius Evolas bemüht (Link: https://www.instagram.com/p/BsE8U56F6iY/).

blemlos gefunden. Wie dieser lehnt sich auch Donovan gegen manche Gewissheiten der politischen Rechten auf, etwa in der gemeinsam geteilten Ablehnung eines staatstragenden Nationalismus. Wenig überraschend beziehen sich neben Donovan auch Mitglieder der WoV auf Evola, wie die ‚Rose City Antifa' in ihrer Recherche zu der Gruppe (2016) berichtet. Dort heißt es: „The Wolves of Vinland are essentially an Evolian cadre group wrapping itself in neo-pagan imagery" (ebd.). Und: „For the Wolves, the Golden Age of the past they look to is a hodge podge of pre-Christian Scandinavian, Viking, and Germanic tribalism" (ebd.). Dies lässt sich auch für Donovan zweifelsfrei behaupten. Wenn dieser zwar sich selbst wohl (noch) nicht als überzeugten Evolianer betiteln würde, steht er wenig zweifelhaft in der Tradition des italienischen Faschisten. Die spiritualistische Dimension seiner Opposition gegen die Moderne und seines Männlichkeitskultes ist in diesem Sinne nichts Neues, sondern wohl allenfalls eine kontextabhängige und zeitgemäße Anpassung der bereits bei Evola entwickelten Gedanken.

4.3. (Neo-)Tribalismus als Auflehnung gegen die Moderne

Donovans ehemalige Mitgliedschaft bei den WoV und sein früheres Engagement für die WoV stehen zudem für eine weitere Eigenart seiner Männlichkeitskonzeption. Sie wird gewissermaßen bereits mit den ersten Worten in ‚Der Weg der Männer' festgeschrieben. „Der Weg der Männer ist der Weg der Bande", lautet dort der Titel des ersten Kapitels (2016b: 13). Donovan befürwortet die Einrichtung der Gesellschaft in kleinen Gruppen und Verbünden, die er ‚Banden' und ‚Stämme' nennt. Das dahinterstehende Konzept ist der Tribalismus – wonach sich Gesellschaft durch eine Menge homogener und abgegrenzter, kleiner Gemeinschaften ausdrückt –, dessen Praxis Donovan als natürliche Eigenschaft der Menschen gilt (2017b: 21; 2018b: 78). Der Tribalismus sei deshalb die „notwendige Revolte gegen den modernen Universalismus“ (2017b: 68). In der Aufwertung des Lebens in eigentlich primitiven Stammesgesellschaften spiegelt sich so erneut der Antimodernismus Donovans. Wiederholt schildert er den Bandenaktivismus als heilbringende Alternative zum Individualismus westlicher Gesellschaften. Ihm geht konsequenterweise und trotz seiner politisch rechten Einstellungen ein ausgeprägter (amerikanischer) Nationalismus ab. Er stellt das nationale ‚Wir‘ demonstrativ in Frage und fordert stattdessen ein, das eigene Revier abzustecken (ebd.: 69ff.).

Die WoV stellten für Donovan eine Weile lang die praktische Entsprechung seiner über die Literatur hinweg formulierten Gedanken dar. Nicht von ungefähr nahm er als Gründer des Cascadia-Chapters (Rose City Antifa 2016) eine führende Position in dem Zusammenschluss ein. Der darin repräsentierte Versuch einer tribalistischen Lebensweise wird bei Donovan zudem von einem dazu passenden Hang zum Primitivismus begleitet. Theoretisch stehen dafür Donovans sich durch den gesamten Textkorpus ziehende erhebliche Skepsis gegenüber der Zivilisation (2016b: 165), die wiederkehrenden (affirmativen) Bezüge auf primitive Kulturen sowie im Besonderen die Lobpreisung des Barbarentums, während sich in ‚Waldgang‘ der praktische Teil als – zumindest als solches inszeniertes – einfaches Landleben mit Tierhaltung und Götterbeschwörung abspielt.

Der Tribalismus Donovans steht in seiner Fokussierung männlicher Vergesellschaftungsmodelle sicherlich weitgehend für sich. Zugleich fügt er sich aber in einen weiteren politischen Rahmen ein: Lyons beobachtet einen „trend toward political decentralism across much of the far right“ (2015), von welcher Donovan entsprechend begeistert aufgenommen werde. Darüber hinaus korrespondieren dessen Ansichten in vielerlei Hinsicht mit der These eines Neo-Tribalismus, die insbesondere und am populärsten vom französischen Soziologen Michel Maffesoli in dessen Buch ‚The Time of the Tribes' (1996; im französischsprachigen Original 1988) vertreten wird. Dieser führt aus:

> „Die Idee des Tribalismus ist die Gemeinschaft von Individuen, die gemeinsame Leidenschaften, gemeinsame Wurzeln haben. Das deutsche Wort ‚Stamm' ist da überdeutlich. Das Zusammengehörigkeitsgefühl entsteht nicht durch etwas Entwurzeltes wie die Rationalität, sondern durch das am tiefsten Verwurzelte, das Geschlechtliche, den Bauch." (Maffesoli/Fuchs 2003, zit. n. Keller 2018: 29)

Maffesoli erklärt die Postmoderne zum ‚Zeitalter der Stämme': Die Menschen der Gegenwart würden sich zunehmend in den sogenannten Stämmen gesellschaftlich organisieren, welche Zugehörigkeit über emotionale Identität und weniger über rationale Kriterien schaffen (Keller 2018: 29). Die Stämme würden sich durch ein „‚archaisches' Gefüge von Ritualen, Zwängen und Verpflichtungen" (ebd.: 106f.) auszeichnen, dem die Mitglieder unterworfen seien. Maffesoli behauptet die Ablösung des bisherigen Gesellschaftsvertrags durch eine „bewegliche Architektur eines vielfach zergliederten, sich beständig neu arrangierenden Netzes von ‚Stammesbildungen' und organischen Solidaritäten" (ebd.: 106). So entstehe eine „Gesellschaft neben dem Staat" (ebd.: 110), die die Sozialstruktur und politischen Machtzentralen untergrabe (ebd.: 112). Maffesoli spricht von den „Freiheiten der Zwischenräume" (1992: 102, zit. n. Keller 2018: 111) und ist damit auch sprachlich sehr nah an der von Donovan benutzen Formulierung der „Hohlräume" (2017b: 68) des ‚Imperium des Nichts'. Inhaltlich sollte die von Maffesoli beschriebene Zerfaserung des politischen Systems durch eine Vielzahl anarchischer Stämme ohnehin wie Musik in Donovans Ohren klingen.

Ist Donovans apokalyptisches Szenario einer von Männerbanden beherrschten Welt also näher an der Realität als es seine auf den ersten Blick vor allem vom Mute der Verzweiflung inspirierten Darstellungen befürchten lassen? In Bezug auf die Theoretisierung Maffesolis jedenfalls besteht eine gravierende Unterscheidung: Dieser erklärt den „Idealtypus des ‚Nomaden', des ruhelosen Wanderers zwischen den Stämmen" (Keller 2018: 120), zum notwendigen Bestandteil des Neo-Tribalismus, während die Banden Donovans in ihrer identitätstriefenden Aufladung eher als Lebensbünde fungieren und in Abgrenzung zu der sehr flexiblen Konzeption Maffesolis wie im „ethnologischen Stammesverständnis […] totalen Charakter“ (ebd.: 107) aufweisen. Ungleich größer sollte im letzteren Fall damit die Maffesoli zufolge ohnehin existierende Gefahr konflikthafter Beziehungen zwischen den Stämmen (ebd.: 30, 120) sein – und die Lektüre Donovans scheint dies angesichts seiner fortwährenden Bezüge auf Kampf und Krieg deutlich zu bestätigen. Maffesolis Konzept des Neo-Tribalismus zielt aber im Gegensatz zu Donovan gerade nicht darauf ab, der gegenseitigen Bekämpfung starrer identitärer Verbünde Vorschub zu leisten. Vielmehr sollte dabei die Vielfalt der Teilhabe im Vordergrund stehen, wie es im Vorwort zu ‚The Time of the Tribes‘ heißt:

> „The focus on the liberatory quality of the *tribus*, the flexibility of identity and the dis-alienating potential of everyday life needs to be expanded to take in the negative tribe-like forms of ethnic nationalism, the Fascistic exploitation of *tribus* and subsequent reification of identity by governments facing simultaneous legitimation and restructuring crises.“ (Shields 1996: 12, Herv. i. O.)

4.4. Neurechte Inszenierung

Donovans Leidenschaft für primitive Kulturen und eine tribalistische Weltordnung ist, wenn man so will, hinsichtlich des Impetus seiner politischen Geisteshaltung verräterisch – was ihn selbst wie auch seine Anhänger betrifft: Die von Donovan herbeigesehnte Zukunft würde von patriarchalen, sich gegenseitig bekriegenden Männerbanden beherrscht werden. Weiß zufolge offenbart sich im neurechten Kult um Donovan somit auch die Kehrseite dieses politischen Milieus: „die unbekümmerte Reduktion der menschlichen Existenz auf Sex und Gewalt" (2017: 236). Dabei sei die von Donovan geradezu propagandistisch ausgeschlachtete „Kapitulation von Kultur vor der angeblichen Natur" (ebd.) doch der Vorwurf, den Konservative für gewöhnlich ihren Feindbildern antragen würden. Weiß erkennt in dem Interesse an Donovan einen Trend zur Regression innerhalb der Neuen Rechten widergespiegelt, der von der gemeinsamen Sache mit gewalttätigen Mobs wie den ‚Hooligans gegen Salafisten' bis hin zur Wertschätzung vermeintlich autochthoner und abgeschotteter islamischer Gesellschaften reicht (ebd.: 234, 15ff., 211ff.). Die Begeisterung für Donovan sei in diesem Sinne eine weitere „zivilisatorische Kapitulationserklärung" (ebd.: 238) und eine endgültige Absage an den klassischen Konservatismus, der schließlich das kulturell einzuhegen suche, „was Donovan […] lustvoll durchbrechen sehen will: Triebe, Instinkte, Gewalt, kurzum die bloße Natur" (ebd.: 239).[47]

---

[47] Die Einfältigkeit des neurechten Geschlechterbildes veranschaulicht auf skurrile Weise eine Szene in einer Videorezension zu ‚Der Weg der Männer', die am 24. Juli 2016 auf dem ‚kanal schnellroda', dem YouTube-Kanal des Verlags Antaios, erschienen ist (Link: https://www.youtube.com/watch?v=YbFFUonJhzE). Zu sehen ist zum Auftakt Ellen Kositza, Autorin, Journalistin und Ehefrau des Verlagsinhabers Götz Kubitschek. Sie trägt ein Folklorekleid und zusammen mit drei jungen Mädchen erfreut sie sich an Katzen- und Kaninchenjungen sowie Entenküken. Kositza schickt die Kinder mit den Tierbabys schließlich fort, um mit der Besprechung des Buches zu

Donovan ist vor diesem Hintergrund als „Teil der neurechten Familie“ (ebd.) zu begreifen,[48] zumal er auch für konkrete politische Anliegen der Neuen Rechten als Stichwortgeber taugt: Die seiner Weltsicht immanente tribalistische Logik entspreche weitgehend der rechten Lesart der sogenannten „Flüchtlingskrise“ der vergangenen Jahre, so Weiß (ebd.: 235). Darüber hinaus beherrscht auch Donovan die Anforderungen der Gegenwartsgesellschaft und weiß sie für sich zu nutzen. In der Nutzung neuer Medien zur metapolitischen Inszenierung eigener Inhalte steht er der Neuen Rechten in Nichts nach.[49] Sein Primitivismus verbleibt entsprechend eher ein Spiel mit dem Klischee. Donovans (politisches) Wirken und die verwendeten Mittel können kaum als primitiv bezeichnet werden. Auch er selbst wehrt sich gegen eine solche Zuschreibung:

> „Ich sage das nicht, weil ich der Meinung bin, ich persönlich würde in einer primitiven Gesellschaft besser zurechtkommen. Ich habe die letzten sechs Monate mit Schreiben und Lesen verbracht, nicht mit der Vorbereitung auf die Zombie-Apokalypse“ (2016b: 168).[50]

---

beginnen, nicht aber ohne festzustellen: „Und so sind wir Frauen! Immer mit den kleinen, lieben, niedlichen, süßen Dingen befasst!“ „Männer“, fährt sie bedeutungsschwer nach einer Kunstpause fort, „sind anders!“ Doch schon wenige Augenblicke später unterbricht sie ‚zufälligerweise‘ ihren Text, um zwei Jungs in kurzen Hosen die verbliebenen beiden Entenküken in die Hand zu drücken. Wie es die geschlechterstereotype Inszenierung verlangt, fragt einer der beiden: „Wann werden die eigentlich geschlachtet?“.

[48] Dabei übertrifft Donovan die Anliegen der Neuen Rechten zum Teil in Sachen Radikalität gar. Beispielhaft steht dafür eine Rezension Henning Lindhoffs im neurechts-rechtsliberalen Magazin ‚eigentümlich frei‘, in dem dieser resümiert: „Donovan malt die Welt schwarz und weiß. Doch zumindest eine Frage wäre notwendig gewesen für etwas Farbe: Was unterscheidet den Menschen vom Schimpansen?“ (Lindhoff 2016).

[49] Siehe dazu genauer Kapitel 5.

[50] In einem Instagram-Post vom 28. März 2019 erklärt er außerdem: „I AM NOT AN AGRARIAN LUDDITE. If you are, that’s fine. […] But I’ve never wanted to be a farmer. I don’t idealize it or yearn for the ascetic purity of it. I am neither a simple man nor salt of the earth. […] I’ve always been ‚future primitive‘. It’s not that I hate nature or something. I love the outdoors and I make pilgrimages to experience the eternal majesty of

Donovans Männlichkeitsbild hat ohne Frage einen archaischen Anstrich, er selbst ist aber alles andere als aus der Zeit gefallen. Im Gegenteil versteht er es blendend, sich und seine Ansichten öffentlich zu verbreiten und zu vermarkten. Er bewegt sich gekonnt durch die sozialen Medien und kann dort eine große Anhängerschaft um sich scharen. Die Marke Jack Donovan – und mit ihr die rechten, atavistischen Inhalte – erscheint jung, dynamisch, modern und attraktiv. Ins Bild passt, dass Donovan daraus Profit zu schlagen sucht: Sein Online-Shop ‚The Brutal Company' verkaufte unter anderem seine Bücher, Runen-Sticker sowie T-Shirts mit germanischen Motiven und Zitaten aus seinem Werk – etwa ‚Violence is Golden' –, welche wiederum seine Botschaften in alle Welt tragen.[51] Über eine Crowdfunding-Plattform können Donovans Anhänger ihm regelmäßig Geld zukommen lassen – und werden mit dem Versprechen exklusiver Inhalte geködert. Dem Bild des primitiven Einfältlers steht selbstredend auch seine (vulgär-)intellektuelle Lebensweise mit Vortragsreisen, zahlreichen Veröffentlichungen und kenntnisreichen Interventionen in aktuelle gesellschaftliche Debatten entgegen. ‚djadmoros', der Autor der umfangreichen Online-Rezension von Donovans Werken, bemerkt treffend: „Die Aporie seines Denkens besteht darin, dass er den Barbaren mit dem gesamten Reflexionsvermögen eines zivilisierten Menschen deklariert" (2016c). Donovans „Stil des Neowilden" (Weiß 2017: 229) wirkt so wie eine Mischung aus ideologischer Überzeugung und berechnendem Kalkül. Im Politikstil der Neuen Rechten geht dieser vortrefflich auf und erscheint als eine

---

mountains and deserts and old growth forests. […] I'm a pagan, but I'm no countryboy" (Herv. i. O.; Link: https://www.instagram.com/p/Bvj763glJL9/).

[51] Donovan schloss den Online-Shop im Januar 2020, um sich „wichtigerer Arbeit" zu widmen. Nur wenige Monate dauerte es allerdings bis zur Wiedereröffnung unter dem Namen ‚Start The World' bei einem anderen Anbieter.

spezifisch angepasste, maskulistisch akzentuierte Interpretation ihres Weltbilds.

4.5. (Homo-)Sexualität und Männlichkeit

Die auffälligste Eigenart des Männlichkeitsbilds Donovans stellt insgesamt sein Umgang mit Sexualität dar. Zwar sind geoutete homosexuelle Rechte keine Seltenheit mehr, wenige aber haben sich derart ausführlich und dazu in Buchform gegossen mit diesem Thema beschäftigt wie Donovan – und zugleich so intensiv an dessen Relativierung gearbeitet. Donovans Sexualität und seine theoretische Aufbereitung dieser sind keine Anhängsel seines übrigen politischen Wirkens, vielmehr bilden sie dessen Basis – wie auch seine in ‚Androphilia' formulierte Abrechnung mit der schwulen Subkultur den Beginn seiner Laufbahn als Schriftsteller markiert. Eine diesbezügliche Entsprechung findet sich auch in Donovans theoretischem Zugriff auf Homosexualität: Androphile gelten ihm als die potentiellen „priests" (2006: 116) der Männlichkeit. Ihr sexuelles Begehren respektive ihr besonderes Interesse an Männern und Männlichkeit ermögliche es ihnen, einen besonders männlichen Charakter und Körper zu entwickeln.

Als bestes Beispiel dafür kann wohl Donovan selbst gelten. Seine Sexualität wird überdeckt von einer Inszenierung der Hypermaskulinität. Der frühere Go-go-Tänzer im schwulen Nachtklub und Teilnehmer an Drag-Partys und Gay Prides (2006: 11) gibt sich heute als Vorbild für alle Männer – gleich welcher sexuellen Orientierung. Durchzogen ist seine Selbstdarstellung von einer Ambivalenz: Einerseits beschäftigt sich Donovan als Autor und politischer Intellektueller unablässig mit (Homo-)Sexualität, andererseits geriert er sich gerade dabei als erbitterter Verfechter einer Politik der De-Thematisierung sexueller Identität. Für Männlichkeit entscheidend sei lediglich eine männliche Praxis, nicht aber etwaige sexuelle Aktivitäten. Sein eigenes Liebesleben spart Donovan konsequenterweise in der ansonsten recht freizügigen

Präsentation seines Alltags im Internet weitgehend aus. Sein langjähriger Partner Lucio Villanueva – sein „compadre“ (2006: 10) –, ein Trump-Supporter mexikanischer Herkunft (vgl. O’Connor 2017), findet nahezu keine Erwähnung.[52] Zugleich wird Donovans Selbstdarstellung aber von einer kaum zu verhehlenden schwulen, sexualisierten Ästhetik gerahmt. Seine Profile in den sozialen Netzwerken sind gespickt mit Fotos, auf denen er halbnackt, mit glänzendem Oberkörper Modell steht, seine vielfach bemühte Denker-Pose hat einen durchaus lasziven Touch und auf Fitness-Videos stöhnt und schwitzt er für die Kamera. Zuweilen wirkt sein Online-Auftritt so wie ein Abbild der von ihm vehement kritisierten Fetischisierung männlicher Ästhetik in Teilen der schwulen Szene (2006: 105). Schließlich entbehren auch seine Überbetonung der männerbündischen Gemeinschaft sowie die WoV als praktische Umsetzung dessen nicht einer gewissen Homoerotik.

Hans Blüher: Eros und Politik im Männerbund

Die Verbindung von Homosexualität, Männlichkeitskult und rechter Ideologie hat einige Vorgänger. Sehr bekannt ist das Beispiel des vor allem in der ersten Hälfte des 20. Jahrhunderts lebenden und wirkenden Hans Blühers. Dieser beschäftigte sich in einer Vielzahl

[52] Bizarrerweise schreibt Donovan anstelle dessen in einem Facebook-Post vom 27. Dezember 2018, er habe im ablaufenden Jahr „some great sex with a handful of attractive women“ gehabt (Link: https://www.facebook.com/author.jack.donovan/posts/2217054051691989). Womöglich veranlasst ihn sein Streben nach der möglichst allseitigen Relativierung der eigenen Homosexualität sogar bisweilen zum heterosexuellen Geschlechtsverkehr – oder zumindest dazu, dies zu behaupten. Ins Bild passt da auch, dass der in Fn. 50 erwähnte Instagram-Post mit einem Foto illustriert ist, auf dem der halbnackte Donovan lässig und offenbar erwartungsvoll im schummrigen Licht vor einem Bett sitzt, während im Vordergrund die Silhouette einer attraktiv erscheinenden Frau zu sehen ist. Das Bild lässt einige Fragen offen (ebenso auch die Verknüpfung mit dem beigefügten Text) – doch die Kommentarfunktion hat Donovan auch hier deaktiviert.

von Publikationen mit der homoerotischen Dimension männlicher Gemeinschaften. Brunotte kennzeichnet ihn als den entscheidenden „Transporteur des ethnologisch gewonnenen Männerbund-Modells zuerst in die deutsche Kulturdebatte und die damit verbundenen Skandale und Auseinandersetzungen um Homosexualität, dann darüber hinaus in den völkischen und letztlich nationalsozialistischen Diskurs und Ideologieraum" (2004: 77). Als die zentrale These seines Werks stellt sie die libidinöse Grundierung sämtlicher mann-männlicher Verhältnisse heraus (ebd.: 70).

Blüher geht von der allgemeinen Bisexualität aller Menschen aus (ebd.: 79), auch Homosexualität sei völlig „normal" (Nitzschke 1996). Invertierte Männlichkeit, wie es in der Sprache Blühers heißt, sei prinzipiell Ausdruck von Gesundheit und Soziabilität. Dabei unterscheidet Blüher allerdings zwischen kranker und gesunder Inversion – zwischen bloßer Triebhaftigkeit einerseits sowie „sublimierter, sozial wirkender Homoerotik" (Brunotte 2004: 83) und einem mann-männlichen Eros „metaphysischer Natur" (Blüher 1912/13: 2, zit. n. ebd.) andererseits. Sexualität wird von ihm in den Bereich des Eros gehoben und konstituiert auf diese Weise die Bindung von Männern untereinander und männliche Gemeinschaft. Homoerotik wird zum Konstitutionsmoment des Männerbundes (Bruns 2005: 108f.). In seinem Hauptwerk ‚Die Rolle der Erotik in der männlichen Gesellschaft' (Blüher 1917, 1919a) konzipiert er den männlichen Eros als geistbegabt, schöpferisch und kulturtragend (Brunotte 2004: 84).

Für Blüher bildet dies nicht weniger als die Grundlage der Staatenbildung: „Der Staat wird getragen von mannmännlicher Erotik, die Politik ist essentiell und exklusiv Sache von homoerotischen Männern" (Sombart 1988: 169, zit. n. Brunotte 2004: 87). Im Zentrum stehe die charismatische Führerfigur, der „Männerheld" (Brunotte 2004: 83; Blüher 1917: 241ff.), dem sich die Männer verbunden fühlen, von dem sie erregt werden und dem sich zu unterwerfen sie bereit sind (Blüher 1917: 245; Nitzksche 1996). Die tatsächlich körperlich praktizierte Homosexualität spiele dabei nur eine untergeordnete Rolle, die homoerotische Komponente wirke sich mitunter bereits als „‚Freundschaft‘ und […] ‚Liebeswerben‘“ (Bruns 2005: 111) aus. Die „erotische Attraktion des Führers und die gemeinsamen Erlebnisse von Freundschaft und Kameradschaft“ (Brunotte 2004: 97) schaffen dennoch eine intensive und schöpferische Gemeinschaft der Männer, die sich schließlich selbst zu transzendieren imstande ist:

> „Dies ist ja eben die eigentlich gewaltige und zauberhafte Rolle des Eros, daß er […] aus einer Mehrzahl einzelner Menschen einen lebendigen Organismus schafft, der sein eigenes Leben hat“ (Blüher 1919a: 108).

Die „Sakralisierung“ (Brunotte 2004: 100) des Männerbundes geht bei Blüher einher mit deutlich misogynen Einstellungen. Er konstruiert einen radikalen Gegensatz zwischen Männern und Frauen (1919b) – weil es letzteren an den homosozialen Eroskräften fehle, würden sie ihre sexuelle Energie einzig auf die Familie konzentrieren (Bruns 2005: 102f.) – und positioniert sich offensiv antifeministisch. Von erheblicher Bedeutsamkeit ist es für Blüher, „die Reinheit des Männlichen zu wahren“ (Brunotte 2004: 106). Einerseits gilt dies in Bezug auf den konsequenten Ausschluss von Frauen aus den männlichen Bünden (Blüher 1919b: 90), andererseits hinsichtlich der eindeutigen Trennung von Männlich- und Weiblichkeit. Auch Blüher opponiert scharf „gegen die Figur des effeminierten Homosexuellen“ (Brunotte 2004: 106). Bruns resümiert entsprechend, dass bei Blüher schließlich und deutlich aus „dem Projekt antibürgerlicher Befreiung und homosexueller Emanzipation […] die Sorge um virile, germanische Männlichkeit“ wurde (2005: 114).[53]

---

[53] Neben seiner Frauenverachtung war Blüher darüber hinaus ein überzeugter Antisemit, der ein „Bekenntnis zum elitären und ‚rassisch‘ reinen Männerbund“ propagierte (Brunotte 2004: 71, vgl. 108). Zudem stand er der nationalsozialistischen Bewegung zumindest in Teilen durchaus nahe (ebd.: 77). Diese war wie auch der nationalsozialistische Staat in einer in Bezug auf Blüher „auffallend ähnlichen männerbündischen Struktur“ (Bruns 2005: 111) organisiert – freilich aber ohne offene Bezüge zur Homosexualität.

Michael Kühnen: Kulturwerdung und Homosexualität

Hinsichtlich der politischen Gesinnung noch offener und schärfer schrieb der bekennende Neonazi Michael Kühnen über Homosexualität. In den 1980er Jahren gehörte er zu den führenden und schillerndsten Figuren der extremen Rechten in Deutschland, bis er 1991 an den Folgen einer AIDS-Erkrankung verstarb. Während eines Gefängnisaufenthalts 1981 verfasste er, der sich zu seiner eigenen Homosexualität zeitlebens niemals öffentlich bekannte – und stattdessen gar eine Kameradin präsentieren konnte, die sich als seine Verlobte ausgab –, die fünf Jahre später erschienene Programmschrift ‚Nationalsozialismus und Homosexualität' (1986).

In einem zentralen Kapitel unter der Überschrift ‚Entstehung und kulturelle Auswirkung der homosexuellen Veranlagung' versucht Kühnen sich dort an einer Herleitung der Homosexualität aus der menschlichen Geschichte. Er beginnt seine Abhandlung in der „primitiven Umwelt des Frühmenschen" (1986: 29), die den vereinzelt vorkommenden Homosexuellen praktisch keine Überlebenschancen eingeräumt habe. Erst mit der Entscheidung des Anführers einer frühzeitlichen Horde, sich mit einem Homosexuellen zu verbünden, um seine eigene Macht zu stützen, habe sich dies geändert. So entstehe eine Konstellation, von der beide profitieren. Erstmals in der Geschichte sei damit ein Ende der permanenten Wechsel der Macht möglich geworden, weil diese nun von zwei Männern verteidigt wurde. Die dadurch etablierte neue Ordnung habe die Jugend angezogen, die sich der Führung anschloss und die Position des Anführers verstetigte. Auf diese Weise seien die ersten Männerbünde der Geschichte entstanden (ebd.: 32ff.).

Diese simplifizierte und äußerst zweifelhafte geschichtliche Erzählung bekommt bei Kühnen eine zentrale Bedeutung: Durch die auf der Bildung von Männerbünden beruhende „Stabilisierung und Dauerhaftigkeit der Herrschaft" (ebd.: 39) werde erstmals eine kulturelle Entwicklung der Menschen möglich. Die neue Ordnung bewirke auch die Einhegung der zuvor „hemmungslos ausgelebten“ (ebd.: 36) Sexualität und die Entstehung der patriarchalen Familie. Im Männerbund aber würden sich weiterhin unter der Führung der Homosexuellen die jungen Männer sammeln, die noch keine Familie gegründet haben. Ihre überschüssige Sexualität nutze „der Homosexuelle nun durch Einführung von sexuellen Beziehungen untereinander zur Festigung der Bindung innerhalb des Männerbundes – und natürlich auch zur Befriedigung seiner eigenen Bedürfnisse“ (ebd.). Dadurch gelingt es, den Männerbund konsequenter und wirksamer zu gestalten (ebd.: 42) und seine „kulturschöpferische und kulturtragende Aufgabe umso besser [zu] erfüllen“ (ebd.: 45). Die Natur ermögliche es dabei einer kleinen Gruppe homosexueller Männer, „sich völlig unbeeinflußt von persönlichen Interessen ganz der kulturellen Entwicklung und dem Dienst an der Gemeinschaft zu widmen“ (ebd.: 61). Dem Homosexuellen kommt damit in Kühnens Konzeption eine Führungsrolle unter den Männern und nicht zuletzt bei der „Kultur- und Staatswerdung der Gattung Mensch“ (ebd.: 62) zu.

Diese grundlegende Beschreibung der Homosexualität wirkt sich für Kühnen auf ihren Stellenwert innerhalb der nationalsozialistischen Ideologie aus. Er kennzeichnet sie als eine „vererbte, biologische Veranlagung“ (ebd.: 19). Die Ablehnung gegenüber Homosexuellen innerhalb der extremen Rechten findet er folglich falsch: „Homosexualität ist weder ein Grund zur Bevorzugung noch zur Benachteiligung. Wichtig ist nur, ob jemand wirklich Nationalsozialist ist!“ (ebd.: 53). Der grassierende Hass auf Homosexuelle sei lediglich „eine jener zahlreichen kulturellen Neurosen […], die die jüdisch-christliche Moral uns hinterlassen hat“ (ebd.: 58). Homosexualität und Nationalsozialismus, so sein Fazit, seien hingegen vollends miteinander vereinbar (ebd.: 14).

Zugleich bekennt auch Kühnen seine mangelnde Sympathie mit der schwulen Szene (ebd.: 7) und verwehrt sich gegen das „Zerrbild vom weiblichen, perversen und unmännlichen Homosexuellen“ (ebd. 58). Auch das Prinzip der „brüderlichen Liebe“ (ebd.: 24) als mann-männliche Zuneigung fernab wechselseitiger sexueller Anziehung kennt er. Schließlich diene der

Sexualtrieb in erster Linie der Fortpflanzung. Darin offenbart sich schließlich Kühnens wenig schmeichelhaftes – und wenig überraschendes – Frauenbild: Im Gegensatz zum Mann würden diese von ihren reproduktiven Aufgaben erfüllt, sie seien Natur-, der Mann Kulturwesen (ebd.: 25f.).

Parallelen: Männervergemeinschaftung, Misogynie und rechte Weltbilder

Die zahlreichen Parallelen zwischen Blüher, Kühnen und Donovan sind nicht zu übersehen. Ihre Konzeptionen männlicher Homosexualität haben zwar unterschiedliche Referenzpunkte und sind zum Teil verschieden begründet, weisen aber den gleichen Kern auf. Jeweils wird Homosexualität als ein Ausdruck mann-männlicher Vergemeinschaftung begriffen. Die Übergänge von freundschaftlicher Verbundenheit und homosexuellem Begehren sind fließend. Alle drei sprechen den Homosexuellen außerdem das Potential einer Vorzeigerolle unter den Männern zu. Die Führungsfiguren des Männerbunds bei Kühnen sind die Blüher'schen Männerhelden, sind die Priester der Männlichkeit bei Donovan, die jeweils eine besondere Anziehungskraft auf andere Männer haben würden. Gemein ist den drei Autoren ferner die strikte Ablehnung von Effeminität, was mit teilweise frauenfeindlichen Einstellungen einhergeht. Jeweils bildet dies den Anschluss an in der extremen Rechten hegemoniale Diskurse über Homosexualität, die zudem als gesellschaftlich entstellte, aber natürliche Eigenheit begriffen wird. Über die Frage der Sexualität hinaus finden sich ideologische Überschneidungen, die als an das jeweilige politische Konzept angepasst erscheinen: Die bei Donovan etwa in der Idee eines Tribalismus sich bekämpfender Männerbanden aufgehende Ideologie der Ungleichheit findet sich wieder im strengen und rassistisch begründeten Elitismus Blühers oder in Kühnens schamloser Affirmation des Nationalsozialismus.

4.6. Neue Männerbewegung von rechts

Donovans Positionen sind darüber hinaus selbstredend anschlussfähig für maskulistische Argumentationen. Das ‚Southern Poverty Law Center' nennt ihn gar einen der „most prolific writers and speakers producing work within the manosphere" (2017). Seit 2009 war Donovan Autor des maskulistischen Blogs ‚The Spearhead'.[54] Er war zudem mehrfach Redner auf der ‚21 Convention', einer internationalen Konferenz der Manosphere-Szene. Donovan ist dabei kein klassisch *„männerrechtlicher* Autor, sondern ein *maskulistischer* Autor: Es geht ihm nicht um zentrale männerrechtliche Fragen wie Unterhalts- und Sorgerecht, häusliche Gewalt, Beschneidung, ‚Jungenkrise' und ähnliche, sondern um die Frage, wie ein explizit männlicher Wertekodex aussehen könnte" (djadmoros 2016a, Herv. i. O.). Auch Donovan verwehrt sich in seinem Essay ‚The Grievance Table. Why I Am Not A Men's Rights Activist' (2014a: 65-72) gegen diese Bezeichnung. Er erklärt, das Beharren auf vermeintlichen männlichen Rechten würde die Männer in eine ihrem Geschlecht nicht angemessene Bittsteller-Position befördern. Er schlägt stattdessen einen „bolder, more authoritative stance" (ebd.: 71) vor, der auf etwaige Aushandlungen mit Frauen gänzlich verzichtet.

Dennoch teilt Donovan viele männerrechtliche Positionen, erklärt sich solidarisch mit Scheidungsvätern und spricht vom „anti-male bias" (ebd.: 65). Das von Pohl als Legitimationsideologie des antifeministischen Diskurses über die ‚Krise der Männlichkeit' ausgemachte „manichäistische Weltbild eines die Männer beherrschenden und unterdrückenden Feminats" (2011: 114) findet sich in den Untergangsszenarien und dem Verriss der gegenwärtigen Gesellschaftsordnung Donovans wieder. Dessen Rezensent ‚djadmoros' – selbst Männerrechtler – schlägt durchaus nachvoll-

[54] Der Blog ist im August 2020 unter der Domain *http://www.the-spearhead.com/* nicht mehr zu erreichen.

ziehbar vor, diese in Teilen auch als eine Kritik der „Entwertung der traditionell typisch männlichen Arbeit [und …] der Arbeitsgesellschaft des 21. Jahrhunderts" (2016b) zu begreifen. Demnach würden männliche Werte wie körperliche Kraft in den „Arbeitsbeziehungen des globalisierten Kapitalismus" (ebd.) keine Rolle mehr spielen, wogegen Donovan sich mit aller Macht zu stemmen versucht. Pohl beschreibt ebenfalls „Erosionen im Beschäftigungssektor" (2011: 118), die in den vergangenen Jahren insbesondere die zuvor unangetastete Sicherheit berufstätiger Männer zunichte gemacht hätten, als ein zentrales Argumentationsfeld der insinuierten ‚Krise der Männlichkeit'.

Eine zunehmend an Relevanz und Anhängerschaft gewinnende antifeministische Losung zur Überwindung der ‚Krise' ist die spiritualistisch aufgeladene „Reise nach Innen" (ebd.: 122), auf der Männer verbunden mit allerhand homosozialer Initiations- und Vergemeinschaftungsromantik ihre Männlichkeit *wieder*entdecken sollen. Gemeinhin firmiert dieser Teil der Männerbewegung als ‚Neue Männlichkeit' oder auch als ‚Wilde Männer'. Meuser verwendet hierfür hingegen den eher analytischen Begriff des Differenzdiskurses (2010: 168ff.), den er dem Maskulinismus (ebd.: 160ff.) entgegensetzt. Während ersterer sich durch die „mythopoetische" (ebd.: 168) und positiv formulierte Suche nach authentischer Männlichkeit auszeichne, ergehe sich letzterer in radikaler Frauenverachtung und männlicher Dominanzlogik. Donovan stellt meines Erachtens eine interessante Synthese aus beiden Phänomenen dar. So ist er angesichts des zutiefst antifeministischen Charakters seines Männlichkeitsbilds eigentlich zweifelsfrei dem Maskulismus/Maskulinismus zuzuordnen, sein Werk weist aber auch einige mythopoetische Anteile auf. Denn Meuser zufolge stellt der Differenzdiskurs ein „Konglomerat aus romantisierender Vergangenheitsverklärung, Sehnsucht nach ursprünglichen Lebensformen, Mythologie, Spiritualismus, Körperkult und Naturmystik" (ebd.: 175) dar. Im Zusammenfallen von Antiintellektualismus und Antimodernismus wird eine mit dem zivilisatorischen Fortschritt verlorengegangene

„Männerenergie“ (ebd.: 169) beklagt. Diese sei in jedem Manne natürlicherweise vorhanden, müsse aber individuell freigesetzt werden (ebd.: 176). Sämtlich handelt es sich dabei also um Aspekte, die sich auch bei Donovan finden lassen. Doch dieser würde sich einer Zuschreibung zur mythopoetischen ‚Neuen Männlichkeit‘ sicherlich erwehren. In seinem Nachwort zur deutschsprachigen Ausgabe von ‚Der Weg der Männer‘ macht Martin Lichtmesz darauf aufmerksam, dass Donovan an entsprechender Literatur jedenfalls eine scharfe Kritik äußert (2016: 213ff.). So bemängelt dieser etwa die von Robert Bly in seinem berühmten Buch ‚Eisenhans‘ (1991) entwickelte Auffassung, dass zum ganzheitlichen Erleben des Mannseins auch die Entdeckung einer weiblichen Seite gehöre (vgl. Donovan 2010; Donovan 2011: 13ff.). Donovans ‚wilde Männer‘ sollen dagegen jeden Verdacht der Weiblichkeit von sich abspalten, sein esoterischer Hang begründet vielmehr einen Prozess der Selbstfindung, der authentische Männlichkeit als soldatisch-stählerne Praxis begreift.

Dass die männliche Selbstfindung Donovan'scher Prägung keine bloße Nischenerscheinung darstellt, sondern popkulturell verarbeitet auch im Mainstream einen Widerhall findet, veranschaulicht ein kurioses, aber sehr eindrückliches Beispiel. Unter dem Titel ‚Das ist Alpha! Die 10 Boss-Gebote‘ hat der deutsche Rapper Felix Blume, Künstlername ‚Kollegah‘, einen Männerratgeber veröffentlicht (Kollegah 2018). Der Journalist Sebastian Dörfler sagt diesem Parallelen zu rechten Männlichkeitsbildern nach und verweist dabei bezeichnenderweise auf Donovan (Deutschlandfunk Kultur 2018). Kollegah gibt auf 250 mäßig gefüllten Seiten Ratschläge, wie sich Männer vom ‚Lauch‘ zum ‚Boss‘ respektive zum ‚Alpha‘ entwickeln können. Zwar fehlt die bei Donovan stark ausgeprägte politische Komponente, in der Perpetuierung und selbstsicheren Vergewisserung männlicher Werte sind sich beide aber nicht unähnlich.[55] Auch Kollegah bemüht seltsam anmutende

[55] Kollegah bezieht sich allerdings in seinem Buch nicht unmittelbar auf Donovan, wie dieser in einem Facebook-Post vom 9. Oktober 2018 andeutet (Link:

Vergleiche aus der Tierwelt („Das Tier in dir“, 2018: 26), deklariert eine männliche Hierarchie („Du sollst Vorbild und Anführer sein“, ebd.: 185) und fordert die Männer zum Handeln auf: „Du bist selbst Herr deines Schicksals. Du musst aktiv statt passiv werden. Nun liegt es an DIR“ (ebd.: 251, Herv. i. O.). Spannend ist auch die engverwandte Bildsprache. Kollegah inszeniert sich etwa auf zahlreichen Fotografien in seinem Buch als muskulöser Kämpfer. In einer dreiteiligen Reihe von Video-Trailern zum Buch[56] schreitet er oberkörperfrei und mit entschlossenem Blick durch karge Gebirgslandschaften. „Wir leben unser Leben im Käfig des immergleichen Alltags. [...] Ist das wirklich alles, was wir vom Leben erwarten dürfen? [...] Holen wir uns, was uns zusteht. Das ist Alpha!“, klingt die Stimme des Rappers aus dem Off. Im Video zu seinem Lied ‚Wie ein Alpha‘ nimmt Kollegah gar den Kampf mit einem riesigen Bären auf, dessen Fell er am Ende um die Schultern gelegt präsentiert, während er einen Berggipfel erklimmt.[57] Kollegahs Machwerk stellt hinsichtlich der verwendeten Symbolik und Ästhetik gar sein unfreiwilliges Vorbild in den Schatten: Es wirkt wie eine kitschige Adaption der Bücher Donovans. Nichtsdestoweniger offenbart es, dass derartige feuchte Männlichkeitsphantasien nicht lediglich einer überschaubaren Szene rechter MaskulistInnen und AntifeministInnen vorbehalten sind, sondern in entsprechender Aufbereitung Eingang in die Kultur der Mehrheitsgesellschaft finden. Kollegahs Buch vermag es so nicht zuletzt auf das verhängnisvolle Potential Donovans und seinesgleichen hinzuweisen.

---

https://www.facebook.com/author.jack.donovan/posts/2098955716835157).

[56] https://www.youtube.com/watch?v=J78DR46tr1A; https://www.youtube.com/watch?v=kGOPtZ2IZyg; https://www.youtube.com/watch?v=IbNQeVNuGRE

[57] https://www.youtube.com/watch?v=ELpQPiAVmjY

5. Influencer der Männlichkeit – Medienkompetenz am rechten Rand

Die Figur Jack Donovan ist nicht alleine durch die Lektüre seiner Bücher zu verstehen. Seine Bekanntheit und Popularität gründet nicht nur in der Tätigkeit als politischer Autor, sondern ebenso in der (multi-)medialen Inszenierung seiner selbst. Diese dient ihm einerseits zwar ebenfalls zur Vermarktung seiner Bücher. Andererseits macht er auf geschickte Art und Weise sich selbst zum Gegenstand des Interesses. Wer über Donovan im Internet stolpert, bleibt unweigerlich einige Minuten hängen. Denn zu sehen sind in der Regel ansprechend gestaltete Designs, markige Slogans sowie eine Reihe von Fotos, deren Gestaltung eine gewisse Faszination auszulösen imstande ist – wenn auch mit gehöriger Irritation. Analog zur Stoßrichtung seiner Bücher ist auch Donovans mediale Präsentation durch die geradezu besessene Neigung zum Maskulinen gekennzeichnet, die – begleitet von einem ebenso auffälligen wie beeindruckenden Selbstbewusstsein – wahrlich nicht zu übersehen ist. Sein Online-Auftritt ist durchdacht und hat eine klare Linie, die auch geneigte Kritiker_innen anzuerkennen nicht umhinkommen werden. Gekonnt lässt Donovan die Grenzen zwischen persönlicher Selbstdarstellung und bewusstem Marketing verschwimmen und geriert sich so erfolgreich als rechter Influencer.

Professionelle Inszenierung im sozialen Netzwerk Instagram

Zentrale Plattform für diese Selbstdarstellung ist das soziale Foto- und Videonetzwerk Instagram. Hier spielt sich ein Gutteil der virtuellen Präsenz Donovans ab. Im Abstand weniger Tage postet er Fotos, Grafiken und Videos, die häufig von längeren Texten begleitet und ergänzt werden.[58] Donovan gibt sich sichtlich Mühe, sein Profil fortlaufend zu bespielen und interessant zu halten. Dass ihm dies gelingt, zeigt die steigende Anzahl seiner Follower. Anfang September 2020 haben über 31.000 Personen seinen Account unter dem Namen ‚starttheworld' abonniert. Seine Beiträge weisen oft tausen-de Interaktionen auf und Donovan antwortet zumindest gelegentlich auf einige der vielzähligen Kommentare.

Angesichts dieser Bedeutsamkeit seines Instagram-Profils für die Inszenierung der Figur Jack Donovan soll dieses im Folgenden ausschnittweise besprochen werden. Als Grundlage (und Eingrenzung) dienen sämtliche 138 Posts, die Donovan von Januar 2019 bis einschließlich März 2020 abgesetzt hat und die im April 2020 noch auf seinem Profil auffindbar waren. Insgesamt finden sich dort zu diesem Zeitpunkt fast 700 Beiträge, die bis 2012 zurückreichen, sich allerdings erst seit 2015 häufen. Deutlich ist über diesen Zeitraum eine Entwicklung festzustellen: Während Donovan anfangs vor allem Alltagsaufnahmen postete, professionalisierte sich der Account schnell und stetig. Nach wie vor gibt Donovan durchaus viel über sein Leben preis, der Schwerpunkt liegt, wie zu sehen sein wird, nun aber deutlicher auf seinem publizistischen Wirken.[59]

Donovans Beiträge auf seinem Instagram-Profil bestehen in der Hauptsache aus einzelnen Fotos. Diese sind dabei noch einmal zu unterscheiden. So finden sich nach wie vor einige Alltagsaufnahmen. Donovan postet Schnappschüsse, auf denen er bei der Arbeit, in seiner Wohnung oder insbesondere gemeinsam mit anderen Personen zu sehen ist. Fotos dieser Art sind in etwa einem

---

[58] Hinzu kommen zahlreiche sogenannte Stories. Dabei handelt es sich um Beiträge, die lediglich für Abonnent_innen des jeweiligen Profils und lediglich für 24 Stunden sichtbar sind.

[59] Donovan betreibt als ‚@author.jack.donovan' auch eine Facebook-Seite, die ebenfalls viele Tausend Leute erreicht. Die Inhalte unterscheiden sich von denen auf seinem Instagram-Profil wesentlich aber nur dadurch, dass er Beiträge in niedrigerer Schlagzahl und mit weniger Ausführungen postet.

Viertel der Beiträge im Untersuchungszeitraum zu finden. Im Verhältnis zueinander lassen sie eher keinen klaren Zusammenhang erkennen.

Ganz anders steht es um den Großteil der übrigen Fotoaufnahmen. Dabei handelt es sich um Bilder, die offensichtlich inszeniert und bearbeitet sind. Viele stammen augenfällig aus Fotoshootings – zum Teil verlinkt Donovan die Profile der (mehr oder weniger) professionellen Fotografen. Donovan ist perfekt ausgeleuchtet, wird durch die Kamera bestens in Szene gesetzt und das Setting im Hintergrund passt sich ideal ins Bild ein. Vielfach wurden ganze Serien geschossen, sodass Donovan einzelne Fotos aus dem gleichen Setting in verschiedenen Posts unterbringt. Weitere Bilder sind darüber hinaus durch Grafikfilter deutlich bearbeitet. In Rechnung zu stellen ist dabei, dass im Medium Instagram eine derartige Inszenierung der eigenen Fotos durchaus gebräuchlich ist. Dennoch ist unverkennbar, dass Donovans Fotos mit einigem Aufwand geschossen sind und ihm viel daran liegt, sich mithilfe der Aufnahmen bestmöglich in Szene zu setzen. Nicht umsonst machen sie deutlich über die Hälfte seiner Beiträge seit 2019 aus. Das Format der inszenierten Fotos ermöglicht es Donovan, sich in genau der Weise zu präsentieren, die ihm beliebt. Insofern schmeicheln die Aufnahmen nicht nur seiner persönlichen Eitelkeit, sondern sind auch für sein primäres Vorhaben dienlich: Donovan zeigt in seinen Bildern das Abbild authentischer Männlichkeit, das seinen Vorstellungen – und den in seinen Büchern beschriebenen Männern – entspricht.[60]

[60] Vereinzelt finden sich außerdem einige Grafiken sowie Videos auf dem Profil, wobei erstere vor allem einen neueren Trend darstellen. Vor kitschigen Naturaufnahmen im Hintergrund blendet Donovan dort einzelne Zitate verschiedener Autoren – und von sich selber – ein, die er im beigefügten Text aufgreift. Die geteilten Videos wiederum bilden die Spannweite der Bilder gewissermaßen im Kleinen noch einmal ab: Hier finden sich sowohl alltägliche Aufnahmen als auch in unterschiedlicher Weise inszenierte Videos.

Künstliche Natürlichkeit

Angesichts der vielfach gewahr werdenden bewussten Inszenierung der Fotos lohnt der Blick auf das jeweilige Setting. Schließlich ist so davon auszugehen, dass Donovan gezielte Entscheidungen trifft, wo er sich ablichten lässt. Die Analyse zeigt: Der überwiegende Teil der Fotos wurde ‚in der Natur' aufgenommen. Donovan steht im Wald, vor einem Wasserfall oder in einer Eislandschaft. In sein ideologisch verbrämtes Bild von der Kraft des Natürlichen (und der Verbundenheit der Männer mit ihrer natürlichen Umwelt) fügt sich dies nahtlos ein. Auch der eher düstere Eindruck, den viele Aufnahmen vermitteln, passt zur Haltung der Gefahr, mit der Donovan beständig kokettiert. Nicht zuletzt findet sich ein gutes Dutzend weiterer Fotos, deren Hintergrund bloße, düstere Dunkelheit ist.

An das Motiv Natur schließen einige weitere Fotos an. Donovan zeigt Bilder von sich in der Umgebung der einfachen Hütten und sandigen Plätze in ‚Waldgang', seinem Waldgrundstück fern der Städte. Zudem liefern die dort praktizierten mythischen Rituale den Hintergrund für einige weitere Aufnahmen, etwa wenn Donovan inmitten eines hellen Feuerkreises auf einer Wiese sitzt. Dazu passen schließlich weitere Fotos, die ihn vor historischen Burgen oder Kultstätten – unter anderem auch in Deutschland – zeigen – und ebenfalls seine Faszination für Naturreligionen und Germanentum nachdrücklich betonen.

Donovan legt also durch die Wahl der Orte, an denen er seine Fotos aufnimmt, einen durchaus deutlichen Schwerpunkt. Vor dem Hintergrund seiner ideologischen Verhaftung kann dies nicht überraschen. Dennoch ist sein Fokus auf die Natur – theoretisch wie praktisch – allzeit begleitet von einer Anpassung an die Erfordernisse der Gegenwart. Zum einen finden sich deshalb auch gar nicht so wenige Fotos in Donovans Instagram-Profil, die diesen in eher urbaner Atmosphäre zeigen. Was sich darin abbildet, ist die professionelle Seite Donovans: der Autor und Referent, durchaus weltmännisch im Gespräch mit anderen Männern oder vortragend auf einer Konferenz. Passenderweise sind von diesen Fotos anteilig weniger offensichtlich gestellt – sie zeigen Donovan, wenn man so will, in seiner realen Arbeitsumgebung. Zum anderen haftet den Darstellungen der Natur stets der Makel der Inszenierung an. Denn kommunizierbar wird die vermeintliche Natürlichkeit erst durch die Herstellung künstlicher Situationen, die eben nicht einfach authentisch nachzuerleben sind, sondern mit entsprechendem technischen Gerät als Zerrbild eingefangen werden.

Fleischgewordene Anforderung an Männer

Neben Set und Setting spielt schließlich Donovan selbst die unbestrittene Hauptrolle in der Bildsprache seines Instagram-Profils. Von wenigen Aufnahmen einmal abgesehen ist er der Mittelpunkt seiner Fotos: Die Kulisse dient lediglich als Schmuckwerk, präsentiert wird Donovan in seiner ganzen Pracht. Und das ist tatsächlich einigermaßen wörtlich zu nehmen: Denn auf der Mehrheit der Fotos posiert er mit nacktem Oberkörper. Donovan betreibt seit vielen Jahren Kraftsport, stemmt Gewichte und übt sich im Bodybuilding. Den geradezu makellosen und vollends durchtrainierten Oberkörper zeigt er so nicht ohne Grund auf seinen Fotos. Offenkundig ist Donovan stolz auf seine Fitness und seinen modellierten Körper. Das Gesamtkunstwerk ergänzen großflächige Tattoos – von denen einige durchaus auch eine weltanschauliche Komponente aufweisen: Auf seinem muskulösen Bauch prankt etwa in großen Lettern das Wort ‚Honor', auf dem breiten linken Oberarm die ‚Ægishjálmr'-Rune – der ‚Helm der Ehrfurcht' aus der nordischen Mythologie. Dazu kommen ein kahlrasierter Schädel und ein gepflegter Bart. Dass dieser Körper kein Geschenk, sondern das Ergebnis harter Arbeit ist, wird Donovan nicht müde zu betonen. Sowohl verlinkt er mitunter seinen Barbier oder Tätowierer, als auch zeigt sich Donovan gerne beim Training. Er selbst ist die fleischgewordene Erfüllung seiner Anforderung an Männer, sich stets aufs Neue herauszufordern und das Beste aus sich zu machen. Nicht gänzlich unbewusst kann es Donovan darüber hinaus sein, dass durch die besondere Ästhetik seiner Fotos diese von einer gewissen sexuellen, vielleicht homoerotischen Aufladung nicht freizusprechen sind – oder wie ist das Bild des gewaltigen Muskelprotzes zu verstehen, der sich im klaren Wasser des Bergsees mit den kräftigen Händen langsam über den nackten Körper fährt?

Seinen weltanschaulichen Hintergrund präsentiert Donovan darüber hinaus in einer Reihe weiterer Fotos. In etwas mehr als einem Dutzend Aufnahmen zeigt er sich in seiner Kutte, die sowohl modisches Kleidungsstück als auch Teil seines rituellen Kultes zu sein scheint. Die Rückseite ziert das nordische Symbol des Sonnenrads, Kragen und Brust sind mit Knochen behangen. Um den Hals trägt er dazu aus Holzperlen gefertigte Ketten, in deren Glieder germanische Runen eingebrannt sind. Daneben zeigt sich Donovan hauptsächlich in seiner Alltagskleidung, die – schenkt man seinen Fotos Glauben – im Wesentlichen aus T-Shirts seiner eigenen Bekleidungsmarke sowie Hemden, Jacken, Cargohosen und Stiefeln in ‚männlichen', sprich gedeckten, Farbtönen besteht.

Bereits die bloße Analyse der Fotos der Instagram-Beiträge Donovans zeigt deutlich, dass seine mediale Selbstdarstellung von vielen Eigenheiten gekennzeichnet ist, die er in seinen Büchern als männliche Qualitäten herausstellt. Donovan präsentiert sich als ungemein stark und kräftig und wird nicht müde, die harte Disziplin und den fortwährenden Ehrgeiz zu betonen, derer es als Mann bedarf. Männliche Aggressivität und Gefahr wird in vielen Fotos als Grundmotiv sichtbar, ebenso wie Donovans Verehrung von Natur und Natürlichkeit Eingang in die Gestaltung vieler Fotos findet. Deutlich wird außerdem, dass Donovan mit einiger Eitelkeit darauf Acht gibt, welchen Eindruck seine Fotos vermitteln. Die Bilder wirken nicht wie eine beliebige Ansammlung von Schnappschüssen, sondern mehrheitlich aufeinander abgestimmt und durchdacht.

Immergleiche Inhalte in verschiedenen Formaten

Die Fotos alleine machen aber nur einen Teil der Beiträge aus. Jeweils ist ihnen ein Text beigefügt, der manchmal nur einige Sätze umfasst, oft aber auch (im Maßstab des Mediums) sehr lang gestaltet ist. Fotos und Text verweisen zum Teil aufeinander oder gehören offensichtlich zusammen, dies ist aber keinesfalls die Regel.

Einige der Texte geben den jeweiligen Beiträgen eine klare Funktion. Sie zitieren etwa aus einem der Bücher Donovans und verbreiten so gleichzeitig den Inhalt, wie sie die Bücher bewerben. In ähnlicher Weise bewirbt Donovan auch seine Auftritte auf der maskulistischen Konferenz ‚21 Convention'. Der Großteil der Texte dieser Art dient allerdings dazu, auf den Blog Donovans zu verweisen. Donovan zitiert dazu beispielsweise kurze Abschnitte aus längeren Artikeln, die den Rahmen sozialer Netzwerke sprengen würden und dementsprechend einen anderen Ort benötigen. Donovan betreibt zu diesem Zweck seit vielen Jahren ganz klassisch eine eigene Homepage.

Diese war lange vor allem als Blog angelegt, mittlerweile bündelt und verlinkt sie die verschiedenen Projekte Donovans. Zentraler Inhalt bleibt aber die Publikation kurzer Artikel im Abstand weniger Wochen unter der Überschrift ‚Journal'. Hier veröffentlicht Donovan ausführliche Gedanken zu seinen bevorzugten Schwerpunktthemen, philosophiert im Anschluss an seine Bücher über Männer und Männlichkeit, kommentiert von Zeit zu Zeit das politische Zeitgeschehen oder verweist dazu auf seine übrigen Formate. Bemerkenswerterweise ist nur noch ein Bruchteil der einst versammelten Texte auf Donovans Homepage abrufbar (Stand Frühjahr 2020). Beispielsweise fehlen inzwischen die Artikel, in denen er sich mit den Wolves of Vinland auseinandersetzt. Offenbar dient Donovans Homepage weniger der Archivierung seiner publizistischen Tätigkeit als einer konfliktfreien Selbstdarstellung. Sie gibt so eher einen Überblick über Donovans jeweils aktuelle Interessen und Moden.

Beispielhaft dafür wie für die Aufmachung des Blogs insgesamt kann ein im Februar 2020 veröffentlichter Text mit dem Titel ‚Stay Solar' stehen (Donovan 2020). Donovan erläutert darin, weshalb er seit geraumer Zeit geradezu mantrahaft diesen Slogan an das Ende seiner Instagram-Posts stellt. Er leitet auf die ihm eigene Art die Bedeutung der Sonne aus der Menschheitsgeschichte und für historische Kulturen und Religionen her: „My formulation of what it means to stay or to be solar is a synthesis of mythic and scientific understandings of the sun and the nature of the cosmos" (ebd.). Die Sonne stünde etwa für Ordnung und Erleuchtung – Dinge, denen auch Männer nacheifern sollten.[61] Wie so häufig sind also auch hier Donovans Überlegungen mit einer mehr oder weniger konkreten Handlungsempfehlung verbunden. Im Mittelpunkt steht aber vordergründig der der Marke Donovan zuzurechnende parolenhafte, prägnante Spruch, den dieser seinen Followern verständlich und zugänglich macht – und die mediale Inszenierung seiner selbst damit vorantreibt.

Einige weitere Eigenheiten fallen auf: Dem Artikel vorangestellt ist ein Sound-Link, mit dem sich der gesamte Text anhören lässt, vorgelesen von Donovan höchstpersönlich. Eingeleitet wird er außerdem von dem Hinweis, dass der Text eigentlich Teil einer längeren Rede sei, die Donovan im Oktober 2019 auf der ‚21 Convention'-Konferenz gehalten habe. Am Ende des Artikels erklärt Donovan schließlich die Herkunft des zur ‚Stay Solar'-Parole zugehörigen Symbols, einer Synthese aus dem allsehenden Gottesauge und einem Sonnenrad. In ähnlicher Weise funktionieren viele der Blog-Beiträge Donovans – wenn auch dieser besonders markant ist: Donovan arbeitet sich jeweils an einem oder mehreren

[61] In einem Instagram-Post vom 12. September 2019 behauptet Donovan in dieser Hinsicht noch deutlicher, dass die geschlechtliche Kategorisierung der Sonne zwar von Kultur zu Kultur unterschiedlich sei, ihr tendenziell aber eher männliche Qualitäten zugeschrieben würden (Link: https://www.instagram.com/p/B2UIX4PpEMN/). Dass er dabei eher mit Halbwissen jongliert und sich eine für ihn passende Deutung zurechtschneidert, belegt der Umstand, dass ausgerechnet allerdings im germanischen Pantheon eine männliche Sonnengottheit nicht existiert.

Begriffen ab, deren vermeintlich mythisches Potential er aufgreift und im Sinne seiner (Männlichkeits-)Philosophie auslegt. Dies wird gerahmt von einer attraktiv gestalteten Inszenierung, in diesem Fall erstens durch die beigefügte Audio-Version sowie zweitens durch die Verwendung einer passenden Symbolik, die insbesondere in der kurzlebigen und auf optischen Reizen basierenden Welt der sozialen Netzwerke Identität und einen Wiedererkennungswert schafft. Legitimität suchen Donovans Artikel schließlich durch die Einbindung von Zitaten bekannter Autoren und Philosophen zu erreichen – oder eben durch den galant verpackten Hinweis auf die eigene Karriere als Referent scheinbar etablierter Konferenzen.

Auch die Bewerbung der eigenen Podcast-Reihe ist ein Zweck der Instagram-Beiträge Donovans. Zunehmend mehr Engagement steckt Donovan in dieses Format. Die Podcasts finden sich sowohl auf der Plattform eines entsprechenden Anbieters als auch bei Youtube. Unter der Überschrift ‚Start the World. Philosophy and Spirituality for Men' erscheinen unregelmäßig Gespräche Donovans mit verschiedenen Männern – deren Geisteshaltung sich aber jeweils mit Donovan überschneidet. Er interviewt politische Autoren ebenso wie Experten neuheidnischer Religionen oder Mixed-Martial-Arts-(MMA)-Kämpfer. Interessanterweise sind auch hier einige Ausgaben des Podcasts nicht mehr online zu finden, so etwa Donovans Interview mit Vertretern der ‚Identitären Bewegung'. Auch die Podcasts erfahren sichtbar eine zunehmende Professionalisierung. Nicht nur investierte Donovan merklich in besseres Equipment, auch ein aufwendig produziertes Intro ist den Ausgaben mittlerweile vorangestellt, das – wenig überraschend – sein sonstiges Auftreten passend widerspiegelt. Während düstere Klänge ertönen, ist Donovan oberkörperfrei in einer Industriebrache zu sehen, wie er entschlossen in die Kamera spricht (in der Video-Version). Anschließend toben ein Feuerinferno, glühende Runen und kurze Naturaufnahmen durch das Bild, bevor man den Protagonisten während eines heidnischen Rituals sieht. Eindeutig soll hier ein Bild urtümlicher Gefahr entstehen, dass wiederum an Donovans Ideen authentischer Männlichkeit anschließt.

So ziehen sich die immergleichen Inhalte durch die verschiedenen Formate Donovans. Auch wenn Donovan seinen Online-Shop auf Instagram bewirbt – ein weiterer Zweck einiger Posts –, sind große Worte und düstere Fotos angesagt. Schließlich preist Donovan mit einigen Beiträgen sein Herzensprojekt an: die rituellen Kulte in ‚Waldgang'. Interessierte Männer werden eingeladen, Donovan zu kontaktieren und ihre Motivation für eine Teilnahme zu erklären. Gegebenenfalls würden sie dann in den Kreis derjenigen aufgenommen, denen die zweifelhafte Ehre zuteilwird, ein Wochenende in ‚Waldgang' zu verbringen, schreibt Donovan.

Maskuline Erzählungen und Philosophie

Der überwiegende Teil der Texte in den Instagram-Beiträgen Donovans teilt sich auf in zwei Kategorien. Zum einen erzählt Donovan aus seinem Alltag, über Vergangenes, Pläne für die Zukunft oder Begegnungen mit anderen Männern. Beispielhaft dafür stehen etwa solche Beiträge, in denen Donovan ein Foto aus ‚Waldgang' zeigt und über den Kontext schreibt, etwa den Baufortschritt eines neuen Gebäudes oder auch die rituelle Praxis vor Ort. Aber auch über Erlebnisse mit seinen Hunden[62] oder Ausflüge mit (männlichen) Freunden erzählt Donovan. Passenderweise finden sich in diesen Beiträgen eher solche Fotos, die weniger inszeniert erscheinen. Typisch ist es außerdem, dass die Erzählungen im Subtext mit einer Botschaft verknüpft werden, etwa wenn Donovan vom Sportprogramm als Vorbereitung auf ein Foto-Shooting berichtet. Der Appell an die Männer, es dem intensiven

[62] Donovan administriert für seinen Hund ‚Bruder' – der deutsche Name darf wohl abermals als ein Ausdruck von Donovans Faszination für jegliches Germanische angesehen werden – im Übrigen gar ein eigenes Instagram-Profil.

Fitnesstraining Donovans gleich zu tun, ist zumindest implizit stets präsent.

Zum anderen formuliert Donovan in vielen Beiträgen recht abstrakte Überlegungen, in denen er sich mit Begriffen, Konzepten und Theorien auseinandersetzt und diese mit seinen weltanschaulichen Ansichten und Vorstellungen über Männlichkeit in Beziehung setzt. Er versteht sich offenbar zunehmend regelrecht als Philosoph – nicht zuletzt zeugt davon der von ihm oft verwendete Hashtag ‚masculinephilosopy'. Recht wahllos erscheint die Zusammenstellung der Begriffe. Donovan schreibt auf, was ihn gerade beschäftigt. Einmal geht es um Politik und Amerika, ein anderes Mal um männlichen Idealismus und wieder ein anderes Mal um väterliche Ratschläge. Die einende Klammer ist selbstredend Männlichkeit, das Thema der Weg der Männer. Gerne ergänzt Donovan die Texte um Ausschnitte aus seinen eigenen Büchern oder häufiger noch durch Zitate anderer Autoren. Insbesondere Friedrich Nietzsche hat es ihm, wie auch schon in seinem Buch ‚A More Complete Beast', angetan und wird in schöner Regelmäßigkeit zitiert. Dazu kommt auch die Aufbereitung nordischer Mythologie und des Heidenkults nicht zu kurz: Immer wieder bemüht Donovan alte Göttergeschichten und die entsprechenden Ritualwelten und entwickelt daraus seine eigene Lebensphilosophie.

Beide Kategorien, die Erzählungen wie die Männer-Philosophie, stehen dabei nicht abgetrennt nebeneinander, sondern verschwimmen auch vielfach miteinander. Insbesondere letztere folgt in der Aufmachung aber durchaus einem repetitiven Muster. Daneben postet Donovan zuweilen auch einzelne Zitate oder Gedichte sowie einige weitere Textsorten, jeweils allerdings in vergleichsweise deutlich geringerer Anzahl. Einen Einfluss nehmen aber auch diese. Donovan beherrscht das Spiel mit den kurzen Texten, die er als blumige und hochtrabende Sinnsprüche inszeniert. In diesem Sinne stellt sein Profil auch eine spezifisch rechte und maskulistische Variante der überaus populären sogenannten Instapoesie dar (Penke 2019).

Sonnenwende, Them Spirits und die Romantik des Banalen

Einige Beispiele sollen die Form und Gestaltungsweise der Beiträge Donovans abschließend illustrieren. Dieser postete am 22. Dezember 2019, dem Tag der Wintersonnenwende, einen Beitrag unter der Überschrift ‚Winter Solstice‘[63]. Die Sonnenwenden gelten in vielen, insbesondere historischen Kulturen als mystische Umkehrpunkte zwischen Tag und Nacht, Leben und Tod und werden entsprechend zelebriert. Donovan nimmt diesen Tag passenderweise zum Anlass für einen Text über Rituale. Dabei handelt es sich um eine Mischform aus konkreter Erzählung und abstrakten Gedanken. Er behandelt in wenigen Sätzen die verschiedenen Bedeutungen und Funktionen des Rituals und folgert, sich selbst vor allem für die spezifische Form als „repetition of divine action“ zu interessieren. Ziel des Rituals sei es demnach, das Göttliche in sich selbst zu finden.

Einigermaßen abrupt geht er dazu über, ein eigenes Gleichnis aufzustellen: Männer – oder Menschen, die Übersetzung des Englischen ‚men‘ macht beide Varianten möglich – würden (im Winter) die Arbeit der Sonne übernehmen, durch Feuer oder auch durch die Erfindung des elektrischen Lichts. Darin spiegelt sich das Göttliche: „We do the work of gods. We make our own suns. We honor the gods by repeating their actions and becoming forces of creation in our own worlds.“ Die Wintersonnenwende, so die Schlussfolgerung, ist ein Ritual, das die Menschen daran erinnert und eine Erfahrung des Göttlichen möglich macht. Entsprechend schließt sich die Bebilderung des Beitrags an diese Ausführungen an. Zu sehen sind im Schatten der Nacht Donovan und fünf weitere, offenbar singende Männer. Donovans Kleidung – seine Kutte – sowie die Fackeln, die die Männer in den Händen tragen, erwecken eine rituelle Atmosphäre. Mutmaßlich handelt es sich bei dem Foto um eine Aufnahme ritueller Praxis in ‚Waldgang‘.

[63] https://www.instagram.com/p/B6Y5orJpW5_/

Donovan spielt in diesem Beitrag mit seinem Hang zur Mythologie. Das Thema der Wintersonnenwende ruft Assoziationen ans Germanentum auf, ebenso der erklärende Text. Zudem schließt Donovan diesen mit einem kurzen Gedicht und der Phrase „Hail the Sons of the Day“, einer weiteren Anlehnung an die nordische Mythologie. Ebenfalls fügt er die Parole ‚Stay Solar‘ an sowie in einem Kommentar zum Beitrag eine Reihe von Hashtags, die eindeutig auf seinen neuheidnischen Einschlag hinweisen. Die Kommentarfunktion nutzt Donovan hier ebenso wie in anderen Beiträgen auch, um auf einige Anmerkungen seiner Follower zu reagieren. Der Beitrag zeigt so anschaulich und beispielhaft, wie es Donovan gelingt, eine Symbiose verschiedener Elemente zu schaffen: Ein mit einfachen Mitteln Interesse weckendes Foto dient als Aufhänger eines Textes, in dem Donovan über die Bedeutung des Rituals philosophiert und dies mit erzählenden Anteilen unterstützt. Gleichwohl das Thema nordische Mythologie den Rahmen des Beitrags darstellt, stehen auch die Handlungen der Menschen – und wohl eher: der Männer – zentral, die wiederum einen Ausdruck auch im Ritual finden und so ein verbindendes Element von Theorie und Praxis darstellen.

Am 2. Dezember 2019 postete Donovan einen in Teilen ähnlichen Beitrag unter dem Titel ‚Them Spirits‘[64]. Die doppelte Bedeutung des Titels als ‚Geister‘ einerseits und ‚Spirituosen‘ andererseits ist an dieser Stelle kein Zufall, wie sich bereits im zugehörigen Foto dokumentiert. Denn das Setting ist sehr ähnlich wie im soeben besprochenen Beitrag, wenn nicht gar das gleiche. Wiederum sind lodernde Fackeln in dunkler Nacht zu sehen. Donovan, oberkörperfrei, steht vor einem Tisch, möglicherweise ein Altar, und nimmt offenbar einen kräftigen Schluck aus einer gläsernen Flasche. Sowohl Ritual wie auch Alkohol sind als Motive aufgerufen.

Im Text des Beitrags führt sich dies in Teilen fort. Donovan bekundet aus persönlichen Gründen seit über fünf Monaten

[64] https://www.instagram.com/p/B5k5VD3pziZ/

abstinent zu leben. Er habe damals ein Buch zum Thema gelesen, das ihn zu der Entscheidung bewegt habe. Donovan verlinkt den Instagram-Account des Autors – wie er dies in gleicher Weise häufiger macht und empfiehlt verschiedene Sorten alkoholfreier Biere. Der Text hat insgesamt einen deutlich erzählenderen Charakter als viele andere seiner Beiträge. Donovan nennt verschiedene Gedanken, die ihm während der Zeit der Abstinenz gekommen seien. So habe ihn diese beispielsweise dazu genötigt, an seinen Sozialkompetenzen zu arbeiten. Bemerkenswert ist außerdem seine Beobachtung, dass sein Anspruch und die tatsächlichen Fähigkeiten unter Alkoholeinfluss auseinanderdriften. Er fragt: „If you want to be the guy everyone depends on in your household, and you're semi-drunk after 10pm every night… what are you really worth in an emergency??". Anscheinend prallen hier unterschiedliche Anforderungen aufeinander. Zu Donovans Männlichkeitsbild gehört es sowohl, Alkohol zu trinken, als auch allzeit ‚seinen Mann stehen' zu können. Die Erkenntnis, dass dies nicht miteinander vereinbar sei, lässt ihn an bisherigen Gewohnheiten zweifeln. Aber Donovan wäre nicht er selbst, wenn er es bei dieser sehr weltlichen Einsicht belassen würde: „I'll probably reintroduce them spirits in a controlled and intentional way soon". Die Bildsprache des Beitrags wie diese Bemerkung verraten, dass Alkoholika für Donovan auch im Rahmen seiner rituellen Praktiken eine Rolle spielen können.

Offensichtlich hat Donovan mit diesem Beitrag einen Nerv getroffen, wie überdurchschnittlich viele Interaktionen seiner Follower beweisen. Wiederum wird deutlich, von welcher Machart die Beiträge Donovans oft sind: Ein polarisierendes Thema wird von ihm aufgegriffen, im Rahmen seiner theoretisch-weltanschaulichen Vorstellungen besprochen und in diesem Fall sogar fotografisch untermalt. Die Botschaft, die am Ende bleibt, ist dabei stets dieselbe: Es sei an den Männern, das Beste aus sich selbst herauszuholen – wenn auch der Weg dorthin erst auszuprobieren ist respektive von Donovan deutlich nahegelegt wird. Es ist die geradezu klassische Strategie des Influencertums, die sich darin wiederfindet.

In einem Beitrag vom 4. Juli 2019 findet sich ferner eine spannende Perspektive Donovans, insofern diese durchaus auch als Reflexion seiner eigenen Social-Media-Aktivitäten verstanden werden kann. Dabei ist der Titel ‚The Romance of the Mundane' (Die Romantik des Banalen)[65] durchaus irreführend. Vielmehr mokiert sich Donovan über die von ihm konstatierte Erhöhung des Gewöhnlichen. Eine Faszination für das profane vermeintlich Authentische gehe ihm ab, ohnehin seien Selbstdarstellungen – auch und gerade im Internet – geschönt. Donovan begrüßt dies ausdrücklich – denn nicht wer die Leute sind, würde er sehen wollen, sondern wer sie sein wollen: „I want so see your higher, idealized, aspirational self". Diese Orientierung nach oben sei stets das Erfolgsrezept großer Kulturen gewesen.

Passenderweise entstammt das zugehörige Foto offensichtlich einem Fotoshooting. Donovan lehnt in einem steinernen Vorsprung in einer düsteren Umgebung. Sein nackter Oberkörper glänzt geradezu im Kameralicht, der Blick bleibt hinter der verspiegelten Sonnenbrille geheimnisvoll verborgen. Das Bild veranschaulicht Donovans Gedanken im Text: Im Mittelpunkt steht Donovans ganzer Stolz, sein trainierter Körper, während mögliche kleinere Schönheitsfehler und größere Geheimnisse im Dunkeln liegen. Kein Makel trübt das perfekt inszenierte Bild – unabhängig von deren Existenz abseits der Kamera. Dass sich Donovan für diese Form der Präsentation nicht geniert, zeigen auch die von ihm, hier wie in vielen Beiträgen, angefügten Verlinkungen, die sowohl zu den Herstellern seines Körperschmucks – Ketten und Armmanschetten – als auch zum professionellen Fotografen führen.

Donovan vollführt so tatsächlich, was er predigt: Sein Instagram-Profil ist eine aufwendige Inszenierung seiner Selbst, die ihn als nahezu perfektes Abbild der von ihm propagierten Männlichkeit dastehen lässt und bewusst diejenigen thematischen und gestalterischen Schwerpunkte setzt, die Donovan sich auf die Fahne geschrieben hat. Umso deutlicher erscheint es auch hier

---

[65] https://www.instagram.com/p/BzeMTANJEwf/

geboten, die Inszenierung als solche zu erkennen, zu benennen und schließlich den dahinterstehenden Inhalt zu kritisieren.

6. Resümee – Kein neuer Weg für Männer

Wo ist Jack Donovan schließlich zu verorten? Welchen Resonanzraum erreicht seine ‚Neue rechte Männlichkeit'? Ohne Zweifel hat sein Wirken zu einer Neuaufstellung der extremen Rechten in Sachen Geschlecht beigetragen. Ein derart offensiver Umgang mit der eigenen Geschlechtlichkeit und Sexualität ließ sich innerhalb dieses politischen Milieus bis dato selten beobachten. Donovan versteht es, ein belächeltes, wenig prestige-, aber umso mehr schamträchtiges Thema erfolgreich zum Herzstück einer extrem rechten Weltanschauung zu machen und scheint dabei die Zeichen der Zeit erkannt zu haben. Zunehmend besetzt insbesondere die Neue Rechte geschlechter- und sexualpolitische Debatten, agiert dabei aber zumeist in einer Abwehrhaltung. Donovan bietet daraus einen Ausweg: Seine Schriften gehen darüber hinaus, lediglich die Krise der Männlichkeit und des traditionellen Geschlechterverhältnisses zu beklagen. Sie bieten vielmehr den ultimativen Gegenentwurf: Der Pluralisierung geschlechtlicher und sexueller Lebensentwürfe setzt Donovan – zumindest konzeptionell – radikale Einfalt und männliche Herrschaft wie in grauester Vorzeit entgegen.

Die grundsätzliche – und gesellschaftlich womöglich gegenwärtig zunehmende – Akzeptanz simplifizierender Welterklärungstheorien vorausgesetzt, erklärt sich damit der Reiz Donovans. Das einfältige ‚Zurück in die Zukunft' – in eine patriarchale Welt sich gegenseitig bekriegender Männerbanden, die sich um Frauen nur scheren, wenn sie sich fortpflanzen wollen – wirkt für viele attraktiv. Es befreit davon, das Konzept Männlichkeit als solches zu reflektieren und zu fragen, wie diese in einer demokratischen, inklusiven und diversen Gesellschaft ausgestaltet sein könnte. Stattdessen bedient Donovan bereitwillig und mit durchaus beeindruckender Fertigkeit den Mythos archaischer, atavistischer Männlichkeit. Zugleich bleibt es auch bei diesem Mythos – dessen gesellschaftliche Wirkmächtigkeit nur schwer greifbar ist. Inwiefern die scheinbar große Anhängerschaft Donovans das von ihm aspirierte Ideal massenhaft in die Praxis umsetzt oder nicht doch eine an die realen gesellschaftlichen Verhältnisse weitgehend angepasste Form des Mannseins lebt, bleibt mindestens fraglich.

Es gehört dennoch zu Donovans Erfolgsgeheimnis, dass sein Wirken breite Anschlussmöglichkeiten eröffnet. Extreme Rechte verschiedener Couleur beziehen sich deshalb ebenso auf ihn wie Männerbewegte ohne expliziten politischen Auftrag. Mit einigem Geschick changiert Donovan gewissermaßen zwischen den Positionen als Schmuddelkind und als Avantgarde der Szene. Seine Ansichten über Männlichkeit dienen so als Vereinigungsmoment der verschiedenen Spektren des Antifeminismus. Seinen Teil trägt dazu sicherlich bei, dass Donovans eigene politische Verortung zumindest auf den ersten Blick uneindeutig erscheint. Dabei stehen seine extravaganten Auftritte, sein maßloses Selbstbewusstsein, der Radikalismus seiner Thesen und nicht zuletzt die groteske Hypermaskulinisierung der eigenen Person nicht für sich. Vielmehr sind sie Ausdruck des Geschlechter- und Weltbilds wie der politischen Praxis der Neuen Rechten. Donovan ist, wenn man so will, vor allem die überzeichnete Karikatur der ‚Neuen rechten Männlichkeit', die sich deren Habitus dankbar angeeignet und mit einer (zugegebenermaßen) speziellen Note versehen hat. Deshalb ist er nicht das einzigartige Phänomen, als das er bei grobschlächtiger Betrachtung erscheinen mag. Davon zeugen die vielfältigen und auf den vergangenen Seiten zahlreich herausgestellten ideologischen und strategischen Anschlüsse, die zugleich und vice versa über das politische Programm der Neuen Rechten Auskunft geben. Entsprechend finden sich die geschlechterpolitischen Vorstellungen Donovans, das zutiefst tribalistische Denken oder das eklektische Interesse an nordischen Mythologien genauso in den Einstellungen und Argumentationslinien anderer (neu)rechter Männer (und auch Frauen).

In der Gesamtschau wurde Donovans Männlichkeitsbild so als eine Variante extrem rechter Männlichkeitskonzeptionen identifiziert. Die zugrundeliegende Orientierungsfolie stellen klassische Vorstellungen soldatischer Männlichkeit dar, die sich in mitunter übersteigerter Form bei Donovan wiederfinden. Die vermeintlichen Abweichungen vom extrem rechten Standard – insbesondere seine affirmierende Perspektive auf Homosexualität – werden von ihm eingefangen und in seine Theorie integriert. Neu ist das beileibe nicht: Geschlechterideale in der extremen Rechten eint zwar ein starrer und gemeinsamer ideologischer Kern, der spezifischen Anpassungen an politische Kräfteverhältnisse, gesellschaftlichen Wandel oder den persönlichen Gusto aber kaum im Wege steht. Donovans Männlichkeitsbild ist deshalb, wie Glösel spitz bemerkt, wenig mehr als „uralter Wein in schon gebrauchten Schläuchen" (2016: 5).

Donovan hat das Rad nicht neu erfunden, sondern bedient sich munter an bewährten Ideologiefragmenten der extremen Rechten. Die ‚Neue rechte Männlichkeit' erweist sich so als Mogelpackung. Donovans Leistung besteht lediglich im offenbar für viele attraktiven, neu pointierten Arrangement jener Fragmente. Sowohl mit der Aufbereitung der Inhalte als auch mit ihrer Präsentation scheint er die Anforderung der zunehmend digitalisierten Gegenwartsgesellschaft zu erfüllen. Neben der Vermittlung von Inhalten in Buchform setzt Donovan bewusst auf das Medium Internet. Aufwendig betreibt er Video- und Podcastformate und inszeniert sich in den sozialen Netzwerken erfolgreich als Abbild seiner eigenen Theorie. Den Charakter der Inszenierung machen ihm seine Anhänger dabei nicht etwa zum Vorwurf – stattdessen feiern sie ihn für die Authentizität der Aufführung. Unklar ist dabei nach wie vor, wie groß der Einfluss Donovans tatsächlich ist. In Teilen der Szene, insbesondere in der jüngeren Neuen Rechten, wird er geradezu selbstverständlich als legitimer Theoretiker der Männlichkeit verhandelt. Außerhalb der (zumindest dem Anschein nach) intellektualisierten Rechten dürfte er allerdings trotz aufwendiger medialer Darstellung wenig bekannt sein.

Es gilt dementsprechend, bei der Frage der Kritik an Donovan die richtigen Prioritäten zu setzen und sowohl die geschlechtertheoretischen Implikationen als auch im Besonderen das dahinterstehende Weltbild im Blick zu haben. Volker Weiß hat korrekterweise bemerkt, dass Donovans „als Kreuzzug gegen die Gender-Theorie angelegter Lobgesang auf den männlichen Mann das Geschlecht selbst immer wieder über soziale Praktiken definiert“ (2017: 231). Oft genug widerlegt Donovan sich selbst: Während er an einer Stelle von unveränderlichen Eigenschaften der Männer spricht, polemisiert er anderswo gegen das Verschwinden eben dieser. Donovans vermeintliche Theorie über Männer ist in Wahrheit sein persönlicher und durch eine mehr als fragwürdige Ideologie gespickter Forderungskatalog, wie Männer sich verhalten *sollen*. Paradoxerweise scheint dies die von Donovan doch eigentlich hoch belobte Macht der Natur alleine nicht mehr richten zu können. „Dass er den Gender-Begriff damit bestätigt, statt ihn zu widerlegen, fällt seinen Anhängern nicht auf“ (ebd.), so Weiß.

Vermutlich ist daran nicht zuletzt das rechte und antifeministische Mindset Schuld, das diese mit ihrem Helden teilen. In diesem Weltbild ist kein Platz für Widerspruch, für die Erfahrung, die eigenen gedanklichen Grenzen zu überschreiten, und für die utopische Sehnsucht, das eigene Leben nicht durch starre geschlechtliche und sexuelle Anforderungen und Kategorien bestimmt zu sehen. Dieses Weltbild muss sich seiner selbst stets aufs Neue beweisen, kann den Zweifel nicht ertragen und dreht sich um sich selbst. Zugleich erlangt es dadurch eine Wirkmächtigkeit und politische Radikalität, die zur Gefahr werden kann.

Die ‚Neue rechte Männlichkeit‘ unterscheidet sich weder in ihrem Wesen noch in ihrer Praxis von ihren vermeintlichen Vorgängern: Sie richtet sich nach wie vor gegen Frauen, Homosexuelle, marginalisierte Männlichkeiten und all jene, die in ihrem Denken nicht vorgesehen sind. Sie ist Teil eines stramm rechten, antifeministischen Backlashes, der sich entschieden gegen die Errungenschaften der Emanzipation wendet. Sie ist frauenverachtend und sexistisch, aggressiv und regressiv, weder empathisch noch moralisch. Und sie ist in jedem Fall gewalttätig, wie Donovan selbst im Februar 2017 in Schnellroda unmissverständlich deutlich machte. Wenn sich Donovan und die extreme

Rechte – ob alt oder neu – also gemeinsam daran machen, die „culture of strength“ auszurufen, dann gilt es entschieden dagegen zu halten. Denn die beste Revolte gegen eine Kultur der Gewalt ist noch immer die Kultur der Solidarität.

Literaturverzeichnis

AG Begriffsdebatte im AIB (2012): Nicht nur ein Wort – Schlussbeitrag zur Begriffsdebatte. In: Antifaschistisches Infoblatt. 3/2012 [Link: https://www.antifainfoblatt.de/artikel/nicht-nur-ein-wortschlussbeitrag-zur-begriffsdebatte; 22.05.19].

Assheuer, Thomas (2014): Das Evola-Virus. [Link: https://www.zeit.de/2014/51/julius-evolafaschismus-kulturkritik; 30.04.19].

Ayyadi, Kira (2019): Neonazis foltern Christopher W. zu Tode – weil er schwul war. Ein Todesopfer rechter Gewalt in Sachsen 2018. [Link: https://www.belltower.news/ein-todesopfer-rechter-gewaltin-sachsen-2018-neonazis-foltern-christopher-w-zu-tode-weil-er-schwul-war-82293/; 20.05.19].

Balbach, Sonja (1994): „Wir sind auch die kämpfende Front". Frauen in der rechten Szene. Hamburg.

Baldig, Johann Felix (2017): Die rechten Hippies kommen. In: Compact. Nr. 7/2017, 61-63.

Behrens, Kilian/Henßler, Vera/Metzger, Frank/Schwarz, Patrick/Sanders, Eike/Winterfeldt, Luis (2020): Rechte Männerbilder. In: magazine. Nr. 6, 1-7.

Benz, Ute (Hrsg., 1997): Frauen im Nationalsozialismus. Dokumente und Zeugnisse. München.

Bernhardt, Markus (2017): Schwule Nazis und der Rechtsruck in Gesellschaft und schwuler Szene. Bonn.

Bitzan, Renate (Hrsg., 1997): Rechte Frauen. Skingirls, Walküren und feine Damen. Berlin.

Blüher, Hans (1912/13): Sappho über den Eros. o.O.

Blüher, Hans (1917): Die Rolle der Erotik in der männlichen Gesellschaft. I. Band. Jena.

Blüher, Hans (1919a): Die Rolle der Erotik in der männlichen Gesellschaft. Eine Theorie der menschlichen Staatsbildung nach Wesen und Wert. II. Band. Familie und Männerbund. Jena.

Blüher, Hans (1919b): Was ist Antifeminismus? In: Ders.: Gesammelte Aufsätze. Jena, 86-93.

Bly, Robert (1991): Eisenhans. Ein Buch über Männer. München.

Bourdieu, Pierre (1997): Die männliche Herrschaft. In: Dölling, Irene / Krais, Beate (Hrsg.): Ein alltägliches Spiel. Geschlechterkonstruktionen in der sozialen Praxis. Frankfurt/Main, 153–217.

Bourdieu, Pierre (2005): Die männliche Herrschaft. Frankfurt/Main.

Brandes, Holger (2001): Der männliche Habitus. Band 1: Männer unter sich. Männergruppen und männliche Identitäten. Opladen.

Brunotte, Ulrike (2004): Zwischen Eros und Krieg. Männerbund und Ritual in der Moderne. Berlin.

Bruns, Claudia (2005): Der homosexuelle Staatsfreund. Von der Konstruktion des erotischen Männerbunds bei Hans Blüher. In: Nieden, Susanne zur (Hrsg.): Homosexualität und Staatsräson. Männlichkeit, Homophobie und Politik in Deutschland 1900–1945. Frankfurt/Main.

Büchner, Britta Ruth (1995): Rechte Frauen, Frauenrechte und Klischees der Normalität. Gespräche mit „Republikanerinnen“. Pfaffenweiler.

Claus, Robert/Lehnert, Esther/Müller, Yves (Hrsg., 2010): „Was ein rechter Mann ist …“. Männlichkeiten im Rechtsextremismus, (Rosa-Luxemburg-Stiftung Texte, 68). Berlin.

Claus, Robert/Müller, Yves (2010): Männliche Homosexualität und Homophobie im Neonazismus. In: Claus, Robert/Lehnert, Esther/Müller, Yves (Hrsg.): „Was ein rechter Mann ist …“. Männlichkeiten im Rechtsextremismus, (Rosa-Luxemburg-Stiftung Texte, 68). Berlin, 109-126.

Connell, Raewyn (2013): Masculinity and Nazism. In: Dietrich, Anette/Heise, Ljiljana (Hrsg.): Männlichkeitskonstruktionen im Nationalsozialismus. Formen, Funktionen und Wirkungsmacht von Geschlechterkonstruktionen im Nationalsozialismus und ihre

Reflexion in der pädagogischen Praxis, (Zivilisationen & Geschichte, 18). Frankfurt/ Main, 37-42.

Connell, Robert W. (2000): Der gemachte Mann. Konstruktion und Krise von Männlichkeiten. Opladen.

Czymmek, Quint (2018): Das Geschlechterbild der Neuen Rechten. Gleichberechtigung als Bedrohung. In: Wissen schafft Demokratie – Gesellschaftlicher Zusammenhalt (Schriftenreihe des Instituts für Demokratie und Zivilgesellschaft, Nr. 3). [Link: https://www.idz-jena.de/fileadmin/user_upload/PDFS_WsD3/Text_Czymmek.pdf; 22.05.19].

Deutschlandfunk Kultur (2018): Männlichkeitswahn beim Skandalrapper. Kollegah hat ein Buch geschrieben. Sebastian Dörfler im Gespräch mit Timo Grampes. [Link: https://www.deutschlandfunkkultur.de/kollegah-hat-ein-buch-geschrieben-maennlichkeitswahnbeim.2156.de.html?dram:article_id=430071; 22.01.19].

Dietrich, Anette/Heise, Ljiljana (2013): Perspektiven einer kritischen Männlichkeitenforschung zum Nationalsozialismus. Eine theoretische und pädagogische Annäherung. In: Dies. (Hrsg.): Männlichkeitskonstruktionen im Nationalsozialismus. Formen, Funktionen und Wirkungsmacht von Geschlechterkonstruktionen im Nationalsozialismus und ihre Reflexion in der pädagogischen Praxis, (Zivilisationen & Geschichte, 18). Frankfurt/Main, 7-35.

djadmoros (2016a): Der Weg des Jack Donovan. Teil 1: „Androphilia". [Link: https://geschlechterallerlei.wordpress.com/2016/08/09/der-weg-des-jack-donovan-teil-1-androphilia/comment-page-1/; 01.11.18].

djadmoros (2016b): Der Weg des Jack Donovan. Teil 2: „The Way of Men". [Link: https://geschlechterallerlei.wordpress.com/2016/08/28/der-weg-des-jack-donovan-teil-2-the-wayof-men/; 01.11.18].

djadmoros (2016c): Der Weg des Jack Donovan. Teil 3: „Becoming a Barbarian". [Link: https://geschlechterallerlei.wordpress.com/2016/10/28/der-weg-des-jack-donovan-teil-3-becominga-barbarian/; 01.11.18].

Donovan, Jack [als Malebranche, Jack] (2006): Androphilia. A Manifesto. Rejecting the Gay Identity, Reclaiming Masculinity. Baltimore.

Donovan, Jack (2009): „Rev. Jack Malebranche“ Resigns From Church of Satan. [Link: https://jack-donovan.com/documents/081909_jackmalebranche_cos_resignation.html; 03.05.19].

Donovan, Jack (2010): Revisiting Iron John. [Link: http://www.jack-donovan.com/axis/2010/11/revisiting-iron-john/; 10.05.19].

Donovan, Jack (2011): No Man‘s Land. [Link: http://www.jack-donovan.com/documents/No%20Mans%20LandPDF.pdf; 07.11.18].

Donovan, Jack (2012): The Way of Men. Milwaukie.

Donovan, Jack (2013): A Timeless Way to Forge Bonds Between Men. In: Miller, Nathan F./ders.: Blood Brotherhood. And Other Rites of Male Alliance. 2nd Revised Edition. Milwaukie, 11-24.

Donovan, Jack (2014a): A Sky Without Eagles. Selected Essays and Speeches 2010 – 2014. Milwaukie.

Donovan, Jack (2014b): A Time for Wolves. [Link: http://www.jack-donovan.com/axis/2014/06/atime-for-wolves/; 03.05.19].

Donovan, Jack (2016a): Becoming a Barbarian. Milwaukie.

Donovan, Jack (2016b): Der Weg der Männer. Schnellroda.

Donovan, Jack (2017a): Die harte Währung Gewalt. In: Sezession. Nr. 76, 14-17.

Donovan, Jack (2017b): Nur Barbaren können sich verteidigen. Schnellroda.

Donovan, Jack (2017c): Waldgang Journal. [Link: https://www.jack-donovan.com/axis/2017/07/waldgang-journal/; 03.05.19].

Donovan, Jack (2018a): Fresh Blood for Old Gods. [Link: http://www.jack-donovan.com/axis/2018/05/fresh-blood-for-old-gods/; 06.05.19].

Donovan, Jack (2018b): A More Complete Beast. Hood River.

Donovan, Jack (2020): Ein ganzerer Mann. Schnellroda.

Donovan, Jack (2020): Stay Solar. [https://www.jack-donovan.com/sowilo/2020/02/12/stay-solar/; 01.04.20].

Donovan, Jack (o.J. a): Positions & FAQ. [https://www.jack-donovan.com/sowilo/bio/positions/; 25.03.20].

Donovan, Jack (o.J. b): Waldgang. [https://www.jack-donovan.com/sowilo/waldgang/; 25.03.20].

Donovan, Jack/Schüller, Johannes (2014): Sorgt für den Kollaps! In: Blaue Narzisse. Nr. 9, 18-21.

Durham, Martin (1998): Women and fascism. London.

Evola, Julius (1997): Revolte gegen die moderne Welt. Engerda.

Fantifa Kassel (1993): „Auch Sie, Frau Mustermann …?! Ein Reader zu Mädchen/Frauen und Rechtsextremismus. Kassel.

Faulstich-Wieland, Hannelore (2000): Dramatisierung versus Entdramatisierung von Geschlecht im Kontext von Koedukation und Monoedukation. In: Metz-Göckel, Sigrid (Hrsg.): Hochschulreform und Geschlecht. Neue Bündnisse und Dialoge. Opladen, 196-206.

Flick, Uwe (1999): Qualitative Forschung. Theorie, Methoden, Anwendung in Psychologie und Sozialwissenschaften. Reinbek bei Hamburg.

Glösel, Kathrin (2016): Wie männliche Täter produziert werden. Über Jack Donovans „Der Weg der Männer“. [Link: https://biwaz.files.wordpress.com/2016/08/rezension-weg-dermacc88nner1.pdf; 20.11.18].

Goetz, Judith (2017): „Aber wir haben die wahre Natur der Geschlechter erkannt ...“. Geschlechterpolitiken, Antifeminismus und Homofeindlichkeit im Denken der ‚Identitären‘. In: Dies./Sedlacek, Joseph Maria/Winkler, Alexander (Hrsg.): Untergangster des Abendlandes. Ideologie und Rezeption der rechtsextremen ‚Identitären‘. Hamburg, 253-284.

Goetz, Judith (2019): Männerbündisch – wehrhaft – identitär? Gewaltvolle Männlichkeiten am Beispiel der Identitären. In: Burschel, Friedrich (Hrsg.): Autoritäre Formierung. Der Durchmarsch von rechts geht weiter, (Manuskripte Neue Folge, 25) Berlin, 16-29.

Gottfried, Dietmar (2002): Der Zauberer der schwarzen Scharen. Julius Evolas Revolte gegen die moderne Welt. [Link:

https://www.heise.de/tp/features/Der-Zauberer-der-schwarzen-Scharen-3427370.html; 30.04.19].

Gründer, René (2008): Germanisches (Neu-)Heidentum in Deutschland. Entstehung, Struktur und Symbolsystem eines alternativreligiösen Feldes. Berlin.

Heilmann, Andreas (2010): Normalisierung und Aneignung. Modernisierung und Flexibilisierung von Männlichkeiten im Rechtsextremismus. In: Claus, Robert/Lehnert, Esther/Müller, Yves (Hrsg.): „Was ein rechter Mann ist ...“. Männlichkeiten im Rechtsextremismus, (Rosa-Luxemburg-Stiftung Texte, 68). Berlin, 53-66.

Henze, Patrick (Patsy l'Amour laLove, 2014): Männlichkeit als Negation. Zur Bedeutung von Schwulsein, Selbsthass und Schwulenfeindlichkeit für die Konstitution von Männlichkeit. In: Frey, Michael/ Kriszio, Marianne/Jähnert, Gabriel (Hrsg.): Männlichkeiten. Kontinuitäten und Umbruch. Berlin, 205-222.

Herausgeber_innenkollektiv (2013): Fantifa. Feministische Perspektiven antifaschistischer Politiken. Münster.

Herrmann, Steffen Kitty (2003): Performing the Gap. Queere Gestalten und geschlechtliche Aneignung. In: arranca! Für eine linke Strömung. Jg. 11 (28), 22-25.

Hinz, Thorsten (2017): Schluß mit der Unterwürfigkeit! Männlich den Diskurs verweigern. In: Junge Freiheit. Nr. 5/2017, 21.

Holzer, Willibald (1994): Rechtsextremismus. Konturen, Definitionsmerkmale und Erklärungsansätze. In: Stiftung Dokumentationsarchiv des österreichischen Widerstands (Hrsg.): Handbuch des österreichischen Rechtsextremismus. Wien, 12-96.

Hölzle, Peter (1996): Wotan meldet sich zurück – Neuheidentum und Rechtsradikalismus. In: Bischofsberger, Otto/Hölzle, Peter/ Schnurbein, Stefanie von (Hrsg.): Das neue Heidentum. Rückkehr zu den alten Göttern oder neue Heilsbotschaft? (Weltanschauungen im Gespräch, 14). Freiburg Schweiz, 104-124.

Hüttmann, Jörn (2012): Extreme Rechte – Potentiale und Grenzen einer Begriffsalternative. In: Antifaschistisches Infoblatt. 2/2012 [Link:

https://www.antifainfoblatt.de/artikel/extreme-rechtepotentiale-und-grenzen-einer-begriffsalternative; 22.05.19].

Inhetveen, Katharina (1997): Gesellige Gewalt. Ritual, Spiel und Vergemeinschaftung bei Hardcorekonzerten. In: Trotha, Trutz von (Hrsg.): Soziologie der Gewalt. Sonderheft der Kölner Zeitschrift für Soziologie und Sozialpsychologie. Opladen, 235-260.

Initiative gegen jeden Extremismusbegriff (2008): Gegen jeden Extremismusbegriff. [Link: http://inex.blogsport.de/images/offenerbriefinex.pdf; 24.09.18].

Jeansonne, Glen (1996): Women of the far right. The mother's movement and World War II. Chicago.

Jensen, Olaf (2008): Induktive Kategorienbildung als Basis Qualitativer Inhaltsanalyse. In: Mayring, Philipp/Gläser-Zikuda, Michaela (Hrsg.): Die Praxis der Qualitativen Inhaltsanalyse. Weinheim, 255-275.

Kämper, Gabriele (2005): Die männliche Nation. Politische Rhetorik der neuen intellektuellen Rechten. Köln.

Kämper, Gabriele (2015): Stille Post. Reformulierungen radikalisierter Männlichkeit in rechten Diskursen. In: Hechler, Andreas/ Stuve, Olaf (Hrsg.): Geschlechterreflektierte Pädagogik gegen Rechts. Opladen, 240-263.

Keller, Reiner (2018): Michel Maffesoli. Eine Einführung (Wissen und Studium, 21). Köln.

Kemper, Andreas (2011): [r]echte Kerle. Zur Kumpanei der MännerRECHTSbewegung (rechter rand, 4). Münster.

Kemper, Andreas (2014a): Keimzelle der Nation? Familien- und geschlechterpolitische Positionen der AfD – eine Expertise (Friedrich-Ebert-Stiftung: Forum Politik und Gesellschaft). Berlin.

Kemper, Andreas (2014b): Keimzelle der Nation – Teil 2. Wie sich in Europa Parteien und Bewegungen für konservative Familienwerte, gegen Toleranz und Vielfalt und gegen eine progressive Geschlechterpolitik radikalisieren (Friedrich-Ebert-Stiftung: Forum Politik und Gesellschaft). Berlin.

Kohlstruck, Michael (2002): Rechtsextreme Jugendkultur und Gewalt. Eine Herausforderung für die pädagogische Praxis. Berlin

Kollegah (2018): Das ist Alpha! Die 10 Boss-Gebote. München.

Kuckartz, Udo (2014): Qualitative Inhaltsanalyse. Methoden, Praxis, Computerunterstützung. Weinheim.

Kuckartz, Udo (2016): Qualitative Inhaltsanalyse. Methoden, Praxis, Computerunterstützung. Weinheim.

Kuhn, Annette (1994): Frauenleben im NS-Alltag. Pfaffenweiler.

Kühne, Thomas (2006): Kameradschaft. Die Soldaten des nationalsozialistischen Krieges und das 20. Jahrhundert. Göttingen.

Kühnen, Michael (1986): Nationalsozialismus und Homosexualität. Courbevoie.

Kunow, Fabian (2013): Das „Kühnen-Papier". Ein Neonaziführer argumentiert Homosexualität. In: Antifaschistisches Infoblatt. Nr. 100, 12-13.

Lang, Juliane (2015): Familie und Vaterland in der Krise. Der extrem rechte Diskurs um Gender. In: Hark, Sabine Villa, Paula-Irene (Hrsg.): Anti-Genderismus. Sexualität und Geschlecht als Schauplätze aktueller politischer Auseinandersetzungen. Bielefeld, 167-181.

Lang, Juliane (2017): Feindbild Feminismus. Familien- und Geschlechterpolitik in der AfD. In: Grigat, Stephan (Hrsg.): AfD & FPÖ. Antisemitismus, völkischer Nationalismus und Geschlechterbilder. Baden-Baden, 61-78.

Lang, Juliane/Peters, Ulrich (2018): Antifeminismus in Deutschland. Einführung und Einordnung des Phänomens. In: Dies. (Hrsg.): Antifeminismus in Bewegung. Aktuelle Debatten um Geschlecht und sexuelle Vielfalt. Hamburg, 13-35.

Lehnert, Esther (2010): „Angriff auf Gender Mainstreaming und Homo-Lobby". Der moderne Rechtsextremismus und seine nationalsozialistischen Bezüge am Beispiel der Geschlechterordnung. In: Claus, Robert/Lehnert, Esther/Müller, Yves (Hrsg.): „Was ein rechter Mann ist …". Männlichkeiten im Rechtsextremismus, (Rosa-Luxemburg-Stiftung Texte, 68). Berlin, 89-99.

Lichtmesz, Martin (2010): Vom schwulen Eros. In: Sezession. Nr. 36, 28-31.

Lichtmesz, Martin (2016): Der Weg des Jack Donovan. Zugabe 1. In: Donovan, Jack: Der Weg der Männer. Schnellroda, 206-217.

Lindhoff; Henning (2016): Der Weg der Männer. In: eigentümlich frei. Nr. 167.

Lyons, Matthew N. (2015): Jack Donovan on men. A masculine tribalism for the far right. [Link: https://threewayfight.blogspot.com/2015/11/jack-donovan-on-men-masculine-tribalism.html; 26.11.18].

Lyons, Matthew N. (2019): Jack Donovan and Male Tribalism. In: Sedgwick, Mark (Hrsg.): Key Thinkers of the Radical Right. Behind the New Threat to Liberal Democracy. New York, 242-258.

Maffesoli, Michel (1992): La Transfiguration du Politique. Paris.

Maffesoli, Michel (1996): The Time of the Tribes. The Decline of Individualism in Mass Society. London.

Mayring, Philipp (2015): Qualitative Inhaltsanalyse. Grundlagen und Techniken. Weinheim.

Mayring, Philipp/Fenzl, Thomas (2014): Qualitative Inhaltsanalyse. In: Baur, Nina/Blasius, Jörg (Hrsg.): Handbuch Methoden der empirischen Sozialforschung. Wiesbaden, 543-556.

Meuser, Michael (2003): Inhaltsanalyse. In: Bohnsack, Ralf / Marotzki, Winfried / Meuser, Michael (Hrsg.): Hauptbegriffe Qualitativer Sozialforschung. Opladen, 89-91.

Meuser, Michael (2006): Riskante Praktiken. Zur Aneignung von Männlichkeit in den ernsten Spielen des Wettbewerbs. In: Bilden, Helga/Dausien, Bettina (Hrsg.): Sozialisation und Geschlecht. Theoretische und methodologische Aspekte. Opladen, 163-178.

Meuser, Michael (2010): Geschlecht und Männlichkeit. Soziologische Theorie und kulturelle Deutungsmuster. Wiesbaden.

Meuser, Michael/Scholz, Sylka (2011): Krise oder Strukturwandel hegemonialer Männlichkeit? In: Bereswill, Mechthild/Neuber, Anke (Hrsg.): In der Krise? Männlichkeiten im 21. Jahrhundert, (Forum Frauen- und Geschlechterforschung, 31). Münster, 56-79.

Miller, Nathan F./Donovan, Jack (2013): Blood Brotherhood. And Other Rites of Male Alliance. 2nd Revised Edition. Milwaukie.

Minkowitz, Donna (2014): How the Alt-Right Is Using Sex and Camp to Attract Gay Men to Fascism. [Link: https://slate.com/human-interest/2017/06/how-alt-right-leaders-jack-donovan-andjames-omeara-attract-gay-men-to-the-movement.html; 29.04.19].

Möller, Kurt (2010): Männlichkeitsforschung im Rahmen von Rechtsextremismusstudien. Ausgangspunkte, Ansätze, Ergebnisse und Perspektiven. In: Claus, Robert/Lehnert, Esther/Müller, Yves (Hrsg.): „Was ein rechter Mann ist …“. Männlichkeiten im Rechtsextremismus, (Rosa-Luxemburg-Stiftung Texte, 68). Berlin, 25-38.

Müller, Yves (2010): Gegen Feminismus und „Dekadenz“. Die Neue Rechte in der Krise? In: Claus, Robert/Lehnert, Esther/Müller, Yves (Hrsg.): „Was ein rechter Mann ist …“. Männlichkeiten im Rechtsextremismus, (Rosa-Luxemburg-Stiftung Texte, 68). Berlin, 67-87.

Müller, Yves (2013): Homophobie im Rechtspoulismus. In: Antifaschistisches Infoblatt. Nr. 100, 16-17.

Nieden, Susanne zur (2012): Der homosexuelle Staats- und Volksfeind. Zur Radikalisierung eines Feindbildes im Nationalsozialismus. In: Eschebach, Insa (Hrsg.): Homophobie und Devianz. Weibliche und männliche Homosexualität im Nationalsozialismus. Berlin, 23-34.

Nietzsche, Friedrich (1980): Jenseits von Gut und Böse. Zur Genealogie der Moral. München.

Nitzschke, Bernd (1996): Ein Privatgelehrter in des Kaisers Kutsche. Bernd Nitzschke über Hans Blühers Buch "Die Rolle der Erotik in der männlichen Gesellschaft" (1917/19). In: Gegenwart - Zeitschrift für ein entspanntes Geistesleben, Heft 31, 30-33 [Link: http://www.werkblatt.at/nitzschke/text/kaiser.htm; 03.04.19].

O'Connor, Maureen (2017): The Philosophical Fascists of the Gay Alt-Right. [Link: https://www.thecut.com/2017/04/jack-donovan-philosophical-fascists-of-the-gay-alt-right.html; 03.04.19].

Pella, Sebastian (2018): Ohne Schmerz keine Freude. In: Arcadi Magazin. 1/2018, 54-60.

Penke, Niels (2018): Jünger und die Folgen. Stuttgart.

Penke, Niels (2019): #instapoetry. Populäre Lyrik auf Instagram und ihre Affordanzen. In: Zeitschrift für Literaturwissenschaft und Linguistik. Nr. 49, 453-456.

Pohl, Rolf (2011): Männer – das benachteiligte Geschlecht? Weiblichkeitsabwehr und Antifeminismus im Diskurs über die Krise der Männlichkeit. In: Bereswill, Mechthild/Neuber, Anke (Hrsg.): In der Krise? Männlichkeiten im 21. Jahrhundert. Münster, 104-135.

Popitz, Heinrich (1992): Phänomene der Macht. Tübingen.

Raabe, Jan/Brasch, Sonja (2018): „Der Weg der Männer". Männlichkeit und die extreme Rechte. In: Lotta, Nr. 70 [Link: http://www.lotta-magazin.de/ausgabe/70/der-weg-der-m-nner; 27.11.18].

Raabe, Jan/Speit, Andreas (1998): Ritt auf dem Tiger. In: Jungle World. Nr. 51/1998 [Link: https://jungle.world/artikel/1998/51/ritt-auf-dem-tiger; 30.04.19].

Raskolnikow (2016): Werden wir, wer wir sind, oder bleiben wir, wer wir sein sollen? Zugabe II. In: Donovan, Jack: Der Weg der Männer. Schnellroda, 217-229.

Reichardt, Sven (2002): Faschistische Kampfbünde. Gewalt und Gemeinschaft im italienischen Squadrismus und in der deutschen SA. Köln.

Reinhardt, Max (2019): Vom Barbar zum Fürst. Selbstverlag.

Reinhardt, Max/Donovan, Jack (2020): Interview with Jack Donovan. [https://www.dasglueckisteinfreunddesstarken.de/2020/04/03/interview-with-jack-donovan/; 14.04.20].

Rose City Antifa (2016): The Wolves of Vinland. A Fascist Countercultural „Tribe" in the Pacific Northwest. [Link: https://rosecityantifa.org/articles/the-wolves-of-vinland-a-fascist-counterculturaltribe-in-the-pacific-northwest/; 10.12.18].

Rosenbrock, Hinrich (2012): Die antifeministische Männerrechtsbewegung. Denkweisen, Netzwerke und Online-Mobilisierung (Heinrich-Böll-Stiftung: Schriften des Gunda-Werner-Instituts, 8), Berlin.

Salzborn, Samuel (2018): Heidegger für Halbgebildete. Identitäre Heimatideologie zwischen Fiktion und Propaganda. [Link:

http://www.salzborn.de/txt/2018_IDZ-WSD-Identitaere.pdf; 19.02.19].

Sanders, Eike (2019): Von Helden, Denkern und Barbaren. Die Neue Rechte und ihre Männlichkeiten, (Dekonstrukt Impulse 6). Hamburg.

Sanders, Eike/Jentsch, Ulli/Hansen, Felix (2014): „Deutschland treibt sich ab". Organisierter ‚Lebensschutz', christlicher Fundamentalismus und Antifeminismus (rechter rand, 12). Münster.

Schreier, Margrit (2014): Varianten qualitativer Inhaltsanalyse. Ein Wegweiser im Dickicht der Begrifflichkeiten. In: Forum Qualitative Sozialforschung/Forum: Qualitative Social Research. 15(1) [Link: http://www.qualitative-research.net/index.php/fqs/rt/printerFriendly/2043/3635; 12.11.18].

Shields, Rob (1996): Foreword: Masses or Tribes? In: Maffesoli, Michel (1996): The Time of the Tribes. The Decline of Individualism in Mass Society. London, 9-12.

Siller, Gertrud (1997): Rechtsextremismus bei Frauen. Zusammenhänge zwischen geschlechtsspezifischen Erfahrungen und politischen Orientierungen. Opladen.

Sombart, Nicolaus (1988): Männerbund und politische Kultur in Deutschland. In: Knoll, Joachim H./Schoeps, Julius H. (Hrsg.): Typisch deutsch. Die Jugendbewegung. Beiträge zu einer Phänomengeschichte. Opladen, 155-176.

Southern Poverty Law Center 2017: A Chorus of Violence. Jack Donovan and the Organizing Power of Male Supremacy. [Link: https://www.splcenter.org/hatewatch/2017/03/27/chorusviolence-jack-donovan-and-organizing-power-male-supremacy; 09.05.19].

Speit, Andreas (2010): „In unseren Reihen". Gruppeninterne Gewalt im rechtsextremen Spektrum. In: Claus, Robert/Lehnert, Esther/Müller, Yves (Hrsg.): „Was ein rechter Mann ist …". Männlichkeiten im Rechtsextremismus, (Rosa-Luxemburg-Stiftung Texte, 68). Berlin, 143-164.

Stöss, Richard (2016): Die „Neue Rechte" in der Bundesrepublik. [Link: https://www.bpb.de/politik/extremismus/rechtsextremismus/229981/die-neue-rechte-in-derbundesrepublik; 14.05.19].

Strauss, Anselm L. (1998): Grundlagen qualitativer Sozialforschung. Datenanalyse und Theoriebildung in der empirischen soziologischen Forschung. München.

Szalay, Kornelius (2017): Rezension: Der Weg der Männer. Was macht einen Mann aus? [Link: https://arcadi-online.de/rezension-der-weg-der-maenner/; 21.11.18].

Tillner, Christiane (Hrsg., 1994): Frauen Rechtsextremismus, Rassismus, Gewalt. Feministische Beiträge. Münster.

Virchow, Fabian (2006): Gegen den Zivilismus. Internationale Beziehungen und Militär in den politischen Konzeptionen der extremen Rechten. Wiesbaden.

Virchow, Fabian (2010): Tapfer, stolz, opferbereit. Überlegungen zum extrem rechten Verständnis „idealer Männlichkeit“. In: Claus, Robert/Lehnert, Esther/Müller, Yves (Hrsg.): „Was ein rechter Mann ist …“. Männlichkeiten im Rechtsextremismus, (Rosa-Luxemburg-Stiftung Texte, 68). Berlin, 39-52.

Wagner, Leonie (1996): Nationalsozialistische Frauenansichten. Vorstellungen von Weiblichkeit und Politik führender Frauen im Nationalsozialismus. Frankfurt/Main.

Webb, David J. (2012): Wider das politische Schwulsein. Ein Plädoyer für Werte und Toleranz. Für die Freiheit der Homosexualität. In: eigentümlich frei. Nr. 125, 46-52.

Weiß, Volker (2017): Die autoritäre Revolte. Die Neue Rechte und der Untergang des Abendlandes. Stuttgart.

Werner, Frank (2013): „Noch härter, noch kälter, noch mitleidloser“. Soldatische Männlichkeit im deutschen Vernichtungskrieg 1941-1944. In: Dietrich, Anette/Heise, Ljiljana (Hrsg.): Männlichkeitskonstruktionen im Nationalsozialismus. Formen, Funktionen und Wirkungsmacht von Geschlechterkonstruktionen im Nationalsozialismus und ihre Reflexion in der pädagogischen Praxis, (Zivilisationen & Geschichte, 18). Frankfurt/Main, 45-63.

Wielowiejski, Patrick (2018): Homosexuelle gegen Gender Mainstreaming. Antifeministische und antimuslimische Homofreundlichkeit in der Alternative für Deutschland. In: Lang, Juliane/Peters, Ulrich (Hrsg.): Antifeminismus in Bewegung.

Aktuelle Debatten um Geschlecht und sexuelle Vielfalt. Hamburg, 139-158.

Witte, Kristin (2010): „Nicht Scheinrevolutionäre oder Dummschwätzer, sondern Männer der Tat...". Die multimediale Konstruktion und Inszenierung von Männlichkeit in Internetvideoclips aus dem Umfeld „Autonomer Nationalisten". In: Claus, Robert/Lehnert, Esther/Müller, Yves (Hrsg.): „Was ein rechter Mann ist ...". Männlichkeiten im Rechtsextremismus, (Rosa-Luxemburg-Stiftung Texte, 68). Berlin, 165-181.

Wlecklik, Petra (Hrsg., 1995): Frauen und Rechtsextremismus. Göttingen.

Woodruff, Betsy (2015): Inside Virginia's Creepy White-Power Wolf Cult. [Link: https://www.thedailybeast.com/inside-virginias-church-burning-werewolf-white-supremacist-cult; 20.11.2018].

Register

Danksagung

Mein Dank gilt Jana Reich und dem Marta Press-Team für die Neugier und die Anerkennung sowie die unkomplizierte Umsetzung des Projekts; Anna Behrens für Lektorat, die Mühen mit dem Cover und das gelungene Ergebnis; der Zeitgeschichtlichen Dokumentationsstelle Marburg e.V. sowie dem Antifaschistischen Pressearchiv und Bildungszentrum Berlin (apabiz) für die Unterstützung meiner Recherche; Dr. Dana Ionescu für die Betreuung meiner Abschlussarbeit, die diesem Buch zugrunde liegt, und die richtigen Hilfestellungen zur passenden Zeit; Dr. Niels Penke für selbiges, für seine Gedanken und sein Vorwort zu meinem Buch; Judith Goetz ebenfalls für ihr Vorwort, für Anmerkungen und ihr aufrichtiges Interesse; der Rosa-Luxemburg-Stiftung für die langjährige Unterstützung während meines Studiums; Boris für den Zuspruch; Dustin Henze und Folke Brodersen einmal mehr für kluge Kommentare und berechtigte Einwände; Bekka für das letzte Jahr; vielen weiteren Freund_innen und Genoss_innen, Familie und meiner WG für aufmunternde Worte, ihre Geduld, für Freundschaft und Wertschätzung; und zu guter Letzt allen Antifaschist_innen und Feminist_innen, trotz aller Widrigkeiten gemeinsam einstehend gegen die Donovans dieser Welt, der „Kultur der Solidarität" immer und immer wieder eine Brücke schlagend, bis dass wir eines Tages gewinnen werden.

Simon Volpers, August 2020

Eine Auswahl von Marta Press-Büchern
zu Rechtsextremismus und
Nationalsozialismus …

Substanz
Judith Goetz, Joseph Maria Sedlacek, Alexander Winkler (Hg.):
Untergangster des Abendlandes
Ideologie und Rezeption der rechtsextremen ‚Identitären'
Marta press

Die rechtsextremen ‚Identitären' gehören ohne Zweifel zu den wichtigsten Akteur*innen des außerparlamentarischen Rechtsextremismus in Österreich. Ihr „Erfolgsrezept" liegt einerseits darin begründet, sich nach außen hin vom Nationalsozialismus abzugrenzen und so behördlicher Repression nach dem „Verbotsgesetz" aus dem Weg zu gehen und andererseits gesellschaftlich anschlussfähige Konzepte eines modernisierten völkischen Nationalismus zu propagieren. Dabei bedienen sie sich eines Straßenaktivismus, der geschickt mit Social-Media-Tools inszeniert und verbreitet wird.
Bisherige Auseinandersetzungen mit diesem relativ jungen Phänomen übernahmen nicht selten unkritisch Selbstbezeichnungen der ‚Identitären' als „weder links noch rechts" oder „Neue Rechte" und ließen dahinter stehende ideologische Denkmuster meist zu kurz kommen.
Der vorliegende Sammelband nimmt daher eine kritische Analyse dieser Selbstinszenierungen vor, indem die hinter dem ‚identitären' Denken stehenden Vordenker und Ideologeme wie (Neo-)Rassismus, Antisemitismus und Nationalismus analytisch durchdrungen und mit anderen Formen des Rechtsextremismus in Verbindung gesetzt werden. Ergänzend werden bislang vernachlässigte Themen wie subkulturelle Bezüge der ‚Identitären', propagierte Geschlechterbilder, Rhetoriken der Angst sowie ihr Verhältnis zu Islamismus und eurasischer Ideologie ins Zentrum der Analyse gerückt. Dabei wird auch der Frage nachgegangen, wie sich der rechtsextreme Charakter der ‚Identitären' begründen lässt und inwiefern von einer modernisierten Form des Rechtsextremismus gesprochen werden kann.

Judith Goetz, Joseph Maria Sedlacek, Alexander Winkler (Hg.):
Untergangster des Abendlandes
Ideologie und Rezeption der rechtsextremen ‚Identitären'

Marta Press 2017, 436 Seiten
ISBN: 978-3-944442-68-6
20,00 € (D), 20,00 € (AT), 22,00 CHF UVP (CH)

Substanz

Julia Haas

»Anständige Mädchen« und »selbstbewusste Rebellinnen«

Aktuelle Selbstbilder identitärer Frauen

Die Aktivistinnen der extrem rechten Identitären Bewegung (IB) erhalten mediale Aufmerksamkeit und werden in ihrem politischen Wirken wahrgenommen. Während die eine Aktivistin dabei vehement für die Rückbesinnung auf traditionelle Werte eintritt, zeigt die andere ein fast schon emanzipatives Frauenbild. Mit ihrer Studie greift die Soziologin Julia Haas diese Spannungen auf und klärt, ob sich bei den 'Identitären' tatsächlich eine Pluralisierung von Frauenbildern ausmachen lässt und welche Auswirkungen dieser Diskurs auf die geschlechterpolitische Ideologie innerhalb der extremen Rechten hat. Um diesen Fragen nachzugehen, analysiert Haas die Selbstbilder identitärer Aktivistinnen anhand ihrer Positionen zum Geschlechterverhältnis, zu Beziehung und Liebe, Weiblichkeit, zur Mutterschaft, zur Identitären Bewegung, zum Feminismus und zu sexualisierter Gewalt bzw. Sexismus. Von dieser Basis ausgehend hinterfragt Julia Haas die vermeintlichen Modernisierungstendenzen und diskutiert diese im Hinblick auf den strategischen Nutzen für die Neue Rechte.

Julia Haas:
"Anständige Mädchen" und "selbstbewusste Rebellinnen". Aktuelle Selbstbilder identitärer Frauen

Marta Press 2020, 284 Seiten
ISBN: 978-3-944442-95-2
32,00 € (D), 34,00 € (AT), 36,00 CHF UVP (CH)

Substanz

Christopher Fritzsche

Geschlechts politische Debatten

in der neurechten Wochenzeitung
Junge Freiheit

Das Reden über Geschlechterverhältnisse, Familie und Kindeswohl nimmt seit jeher einen prominenten Raum in neurechten Debatten ein und verschafft diesen eine erhebliche Reichweite, weit über ihr Kernklientel hinaus. Die vorliegende Studie widmet sich diesem Phänomen und analysiert aus diskursanalytischer Perspektive die Berichterstattung der neurechten Wochenzeitung Junge Freiheit. Anhand ihrer Berichterstattung über die Kölner Silvesternacht 2015/16 und zur Reform des Bildungsplans in Baden-Württemberg ab 2014 wird exemplarisch gezeigt, wie ambivalente Argumentationsmuster rassistische und diskriminierende Positionen mit scheinbar feministischen oder liberalen Standpunkten verbinden. Diese uneindeutigen Argumentationen können als Teil einer diskursiven Strategie interpretiert werden, welche die Standpunkte der Neuen Rechten in den Debatten des gesellschaftlichen Mainstreams verankern soll. Aus diesem Grund ist es wichtig, die Bedeutung von geschlechtspolitischen Themen der Neuen Rechten nicht weiter zu unterschätzen.

Christopher Fritzsche:
Geschlechtspolitische Debatten in der neurechten Wochenzeitung Junge Freiheit

Marta Press 2019, 192 Seiten
ISBN: 978-3-944442-89-1
24,00 € (D), 26,00 € (AT), 28,00 CHF UVP (CH)

Substanz

LERKE GRAVENHORST, INGEGERD SCHÄUBLE, HANNE KIRCHER, JÜRGEN MÜLLER-HOHAGEN, KARIN SCHREIFELDT

Fatale Männlichkeiten – Kollusive Weiblichkeiten

Zur Furorwelt des Münchner Hitler. Folgen über Generationen

Der gigantische Zivilisationsbruch des Nationalsozialismus verstört weiterhin. Viele drängende Fragen sind geblieben, insbesondere im Hinblick auf die unvorstellbare Gewaltausübung. Wie konnten sich unsere Vorfahrinnen und Vorfahren, in der Mehrzahl „ganz normale“ Menschen, so sehr daran beteiligen? Diese Abgründe haben wir immer noch auf der Ebene des Wissens zu bearbeiten. Wir müssen uns ihnen aber auch emotional stellen.
Die Resonanzgruppe taucht tief in Hitler`s Werdegang hinein, konzentriert sich auf seine Zeit als politischer Agitator zwischen 1919 und 1933, stellt Bezüge zur vorhergehenden und begleitenden gesellschaftlichen Gewalt her und hinterfragt, welche Rollenaufteilungen er in seiner Propaganda den Frauen und Männern zuschrieb. Aus dem historischen Material erschließt sich die zentrale und bisher eher wenig beachtete Dimension des Weltbilds Hitlers mit seinen „fatalen“ (d. h. tötungsorientierten) Männlichkeiten und den damit eng verwobenen, kollusiven Weiblichkeiten. Die Autorinnen und der Autor fragen zudem nach dem untergründigen Weiterwirken der extremen – und vielfach von Begeisterung getragenen – NS-Gewaltorientierungen über 1945 hinaus. Trotz aller Aufklärungsarbeit liegt noch viel verborgen. Wirklich ablösen können wir uns aber nur von etwas, das wir kennen.

Lerke Gravenhorst, Ingegerd Schäuble, Hanne Kircher, Jürgen Müller-Hohagen, Karin Schreifeldt:

Fatale Männlichkeiten - Kollusive Weiblichkeiten
Zur Furorwelt des Münchner Hitler.
Folgen über Generationen

Marta Press 2020, 324 Seiten
ISBN: 978-3-944442-51-8
42,00 € (D), 44,00 € (AT), 46,00 CHF UVP (CH)